山西大同大学基金资助

现代化
经济体系建设中的
经济法理论研究

李博　著

山西出版传媒集团

山西经济出版社

图书在版编目（CIP）数据

现代化经济体系建设中的经济法理论研究 / 李博著
.—太原：山西经济出版社，2020.12
　　ISBN 978-7-5577-0799-6

　　Ⅰ.①现… Ⅱ.①李… Ⅲ.①经济法－研究－中国
Ⅳ.① D922.290.4

　　中国版本图书馆 CIP 数据核字（2020）第 264075 号

现代化经济体系建设中的经济法理论研究

著　　　者：李　博
责任编辑：侯轶民
特约编辑：张素琴　张玲花　许　琪　庄凌玲
装帧设计：崔　蕾
出　版　者：山西出版传媒集团·山西经济出版社
地　　　址：太原市建设南路 21 号
邮　　　编：030012
电　　　话：0351-4922133（市场部）
　　　　　　0351-4922085（总编室）
E—mail：scb@sxjjcb.com（市场部）
　　　　　　zbs@sxjjcb.com（总编室）
网　　　址：www.sxjjcb.com

经　销　者：山西出版传媒集团·山西经济出版社
承　印　者：北京亚吉飞数码科技有限公司

开　　　本：787mm×1092mm　1/16
印　　　张：12.75
字　　　数：228 千字
版　　　次：2021 年 8 月　第 1 版
印　　　次：2021 年 8 月　第 1 次印刷
书　　　号：ISBN 978-7-5577-0799-6
定　　　价：60.00 元

前　言

　　改革开放以来,我国社会经济的发展取得了举世瞩目的成就。中国共产党十九大报告首次提出"现代化经济体系"概念,而且以此作为标题统领报告中经济建设部分的内容。报告深刻指出:"我国经济已由高速增长阶段转向高质量发展阶段,正处在转变发展方式、优化经济结构、转换增长动力的攻关期,建设现代化经济体系是跨越关口的迫切要求和我国发展的战略目标。"如何理解现代化经济体系概念及其背后的逻辑,如何建设现代化经济体系,已成为有重大理论价值和现实意义的话题。虽然近年来我国经济发展速度呈现一定的回落,但仍是世界上经济发展最快的国家和地区之一。这些成就的取得得益于国家总体经济发展战略以及社会主义市场经济体制的建立和市场经济秩序的稳定,而经济法在实施国家总体战略、建立和维护市场经济秩序方面具有不可比拟的优势。在我国法治社会建设提速的大环境下,具备一定的经济法知识对于提高市场主体的法律意识和维护与遵守市场经济秩序起着重要的作用,同时也是市场主体维护自身权益的必然要求。

　　本书基于统一的逻辑框架,整合多学科力量,多方面研究了现代化经济体系建设中的经济法相关问题,以我国现行的经济法律、法规为主要内容撰写而成。本书共七章内容。第一章为现代化经济体系和经济法相关理论,对现代化经济体系建设的时代背景和逻辑框架、经济法律基础以及建设现代化经济体系中的经济法理论问题作了简要阐述;第二章为现代化经济体系建设中的企业法律制度,介绍了公司法、合伙企业法、个人独资企业法的相关内容;第三章为现代化经济体系建设中的知识产权法律制度,对知识产权法、著作权法、专利法、商标法进行介绍;第四章为现代化经济体系建设中的市场规则法律制度,主要内容包括食品安全法与产品质量法、消费者权益保护法和竞争法;第五章为现代化经济体系建设中的合同法律制度,介绍了合同法的基本理论、合同的订立与审查、合同的变更与转让、合同权利与义务的终止、合同的违约责任等内容;第六章为现代化经济体系建设中的劳动合同与社会保险法律制度;第七章为现代化经济体系建设中的经济仲裁与经济诉讼。

本书在注重法律、法规与经济活动相结合的基础上,突出了经济法对经济活动的规范与指导作用。其主要特点如下:(1)注重理论性。学习经济法基本理论知识,是学好、用活经济法的基础。本书遵循理论实用和够用的原则,对经济法基本的法律原理进行了深入浅出的阐述和介绍。(2)强调可读性。本书从实际出发,内容丰富、简洁明了、通俗易懂。

本书在撰写过程中,参考和借鉴了经济法方面的大量文献资料,在此对相关作者表示诚挚的谢意。由于作者水平有限,加之时间仓促,书中不足之处在所难免,敬请批评指正,以待我们在修订中不断完善。

作　者
2020 年 11 月

目　录

第一章　现代化经济体系和经济法相关理论

第一节　现代化经济体系建设的时代背景和逻辑框架

一、现代化经济体系建设的时代背景

（一）经济社会发展取得历史性成就

1.发展理念和发展方式发生深刻变革

改革开放以来，虽然我国在发展上取得了卓越成就和丰富经验，但同时也存在发展不平衡、不协调、不可持续问题，特别是面对全面建成小康社会的目标，创新能力不强、发展方式粗放、城乡区域发展不平衡、资源约束趋紧、收入差距较大、消除贫困任务艰巨等问题相当突出。在我国经济发展进入新常态、重要战略机遇期内涵发生深刻变化的新形势下，迫切需要树立新的发展理念，以新理念引领实现更加科学的发展。在党的十八届五中全会上，中共中央总书记习近平系统论述了创新、协调、绿色、开放、共享"五大发展理念"，强调实现创新发展、协调发展、绿色发展、开放发展、共享发展。[①]牢固树立并切实贯彻这"五大发展理念"，是关系我国发展全局的一场深刻变革，攸关"十三五"乃至更长时期我国发展思路、发展方式和发展着力点，是我们党认识把握发展规律的再深化和新飞跃，丰富发展了中国特色社会主义理论宝库，成为全面建成小康社会的行动指南、实现"两个一百年"奋斗目标的思想指引。

---

① 郑长忠.为城市治理现代化确立"四梁八柱"[N].先锋，2020-01-15.

2. 经济建设取得重大成就[①]

十八大以来,我国经济建设坚持贯彻新的发展理念,转变发展方式,取得了重大成就,发展质量和效益不断提升,经济保持中高速增长。在新思想、新理念的引导下,我国经济增长换挡不失速,始终运行在合理区间,国民经济运行稳中有进、稳中向好;供给侧结构性改革成效显著;补短板亮点突出,生态环保、农业、水利、战略性新兴产业等领域投资快速增长;城乡区域协调发展呈现新面貌,西部大开发、东北振兴、中部崛起、东部率先发展"四大板块"战略新举措不断推出,"一带一路"倡议、京津冀协同发展、长江经济带发展三大战略扎实推进,雄安新区设立,一批国家和区域中心城市快速发展,新的增长极、增长带正在逐步形成;创新驱动发展战略深入实施,国家对科技创新的支持力度加大。

3. 全面深化改革取得重大突破

党的十八大以来,在以习近平同志为核心的党中央的坚强领导下,广大干部群众以前所未有的决心和力度推进全面深化改革,迎风破浪,大刀阔斧、上下联动、蹄疾步稳,谱写了改革新篇章,改革成为我们党的鲜明旗帜和当代中国的时代特征。

(1)推进全面深化改革,坚决破除各方面体制机制弊端。经济体制改革整体推进、重点突破,激发发展动力活力的作用逐步显现;政治体制改革稳步推进,社会主义民主政治继续完善;文化体制改革纵深推进,文化创新创造活力进一步释放;社会体制改革立足保障和改善民生,人民群众获得感持续增强;生态文明体制改革加快推进,生态环境保护制度框架基本形成;党的建设制度改革协调推进,管党治党正在实现制度化、规范化;国防和军队改革取得历史性突破,全面实施改革强军战略,军民融合上升为国家战略,为国防和军队现代化奠定了坚实基础。

(2)重要领域和关键环节改革取得突破性进展,主要领域改革主体框架基本确立。改革全面发力、多点突破、纵深推进,着力增强改革系统性、整体性、协同性,大力拓展改革广度和深度。改革坚持问题导向,由问题倒逼,在不断解决问题中深化,立足增进群众获得感而扩大改革受益面,推动各领域改革取得重大进展和积极成效。为适应和引领经济发展新常态,推进供给侧结构性改革,"三去一降一补"取得阶段性成效;为鼓励大众创业、万众创新,建设创新型国家,系统推进全面创新改革试验,取得巨大进展。

---

① 国家统计局:十八大以来我国 GDP 年均增长 7.2%[N].经济日报,2017-10-10.

中国特色社会主义制度更加完善,国家治理体系和治理能力现代化水平明显提高,全社会发展活力和创新活力明显增强。

4.对外开放取得重大进展

对外开放水平持续提升。进出口贸易由量的扩张转向质的提升,货物贸易方式不断优化,高附加值领域服务出口增长势头强劲,全方位开放拓展新空间,一批重大工程和国际产能合作项目落地,高铁、核电"走出去"迈出坚实步伐,自由贸易区建设不断加快。

5.人民生活不断改善

党的十八大以来,各地区各部门坚持以人民为中心的发展思想,认真贯彻落实全面建成小康社会的战略目标和方针政策,城乡居民收入持续较快增长,收入差距不断缩小,消费水平和质量持续提高,生活环境明显改善,为实现2020年全面建成小康社会的宏伟目标奠定了坚实的基础。居民收入增速快于经济增速,城乡差距持续缩小,地区差距不断缩小,消费水平持续提高,升级换代步伐加快,城乡居民主要耐用消费品拥有量不断增多,农村居民升级换代趋势更为明显。生活环境持续改善,城镇地区通公路、通电、通电话、通有线电视已接近全覆盖,农村地区"四通"覆盖面不断扩大。

6.生态文明建设取得显著成效

生态文明建设纳入"五位一体"总体布局,"保护生态环境就是保护生产力""绿水青山就是金山银山"的理念,以及"生态兴则文明兴、生态衰则文明衰"的文明发展观为各方广为接受,高质量、有效益的发展正在成为各界的自觉实践,绿色发展理念深入人心。党的十八大以来,全党全国贯彻绿色发展理念的自觉性和主动性显著增强,忽视生态环境保护的状况明显改变。污染治理力度加强,发布实施了三个"十条",即大气、水、土壤污染防治三大行动计划,坚决向污染宣战,污水和垃圾处理等环境基础设施建设加速推进。制度出台频度加紧,中央全面深化改革领导小组审议通过40多项生态文明和生态环境保护具体改革方案,对推动绿色发展、改善环境质量发挥了强有力的推动作用。监管执法尺度加大,环境保护法、水污染防治法等多部法律完成修订,土壤污染防治法进入全国人大常委会立法审议程序。

(二)社会主要矛盾发生变化

改革开放以来,我们党团结带领全国各族人民不懈奋斗,推动我国经济实力、科技实力、国防实力、综合国力进入世界前列,推动我国国际地位实现前所未有的提升,党的面貌、国家的面貌、人民的面貌、军队的面貌、中华民族的面貌发生了前所未有的变化,中华民族正以崭新姿态屹立于世界的东方。经过长期努力,中国特色社会主义进入了新时代,十九大报告指出"我国社会主要矛盾已经转化为人民日益增长的美好生活需要和不平衡不充分的发展之间的矛盾"。

过去,我国社会主要矛盾是人民日益增长的物质文化需要同落后的社会生产之间的矛盾。作出这一判断,主要是基于当时我国经济社会发展水平不高、社会生产力相对落后。经过近 40 多年的改革开放,我们党带领全国人民告别贫困、跨越温饱,即将实现全面小康,"落后的社会生产"已不再是中国的现实。"人民日益增长的物质文化需要",已转变为"人民日益增长的美好生活需要"。近五年来,我国人民生活水平不断改善,城乡居民收入增速超过经济增速,中等收入群体扩大,覆盖城乡居民的社会保障体系基本建立,人民健康和医疗卫生水平大幅提高,保障性住房建设稳步推进,脱贫攻坚战取得决定性进展,人均 CDP 已达到中等收入国家水平。人民的温饱问题解决了,基本的生存需要已不是问题,"美好生活需要"更能准确描述新时代人们的需要,它不仅包括物质文化需要这些客观的"硬需要"的全部内容,还包括其衍生的获得感、幸福感、尊严和权利等主观的"软需要"。人们对既有的"硬需要"提出了更高的要求,对民主、法治、公平、正义、安全、环境等方面的"软需要"日益增长,对共同富裕、人的全面发展和社会全面进步都提出了相应的要求。同时,我国社会生产力水平总体上显著提高,社会生产能力在很多方面进入世界前列,更加突出的问题是发展不平衡不充分,这已经成为满足人民日益增长的美好生活需要的主要制约因素。必须认识到,我国社会主要矛盾的变化是关系全局的历史性变化,对党和国家工作提出了许多新要求。我们必须在继续推动发展的基础上,着力解决好发展不平衡不充分的问题。

(三)中国特色社会主义进入新时代

党的十九大报告中明确指出,中国特色社会主义进入新时代。这一重大政治判断,准确反映了中国特色社会主义在长期建设中取得的历史性成就、党和国家事业发生的历史性变革,准确反映了党的十八大以来取得的全方位、开创性成就和深层次、根本性变革。这些成就和变革的重大意义,主要体现在习近平总书记在党的十九大报告中提出的"三个意味着":意味着近代以来久经磨难的中华民族迎来了从站起来、富起来到强起来的伟大飞跃,迎来了实现中华民族伟大复兴的光明前景;意味着科学社会主义在 21 世纪的中国焕发出强大生机活力,在世界上高高举起了中国特色社会主义伟大旗帜;意味着中国特色社会主义道路、理论、制度、文化不断发展,拓展了发展中国家走向现代化的途径,给世界上那些既希望加快发展又希望保持自身独立性的国家和民族提供了全新选择,为解决人类问题贡献了中国智慧和中国方案。这三个"意味着"分别从中华民族的发展史、世界社会主义发展史和人类社会发展史的维度,勾勒出中国特色社会主义进入新时代的参照坐标。

新时代的内涵,在国家层面是决胜全面建成小康社会、进而全面建设社会主义现代化国家;在人民层面是不断创造美好生活,逐步实现全体人民共同富裕;在中华民族层面是奋力实现中华民族伟大复兴;在中国和世界的关系层面是中国日益走近世界舞台中央、不断为人类作出更大贡献。新时代的内涵和使命都紧紧围绕着国家富强、民族振兴和人民幸福的伟大中国梦展开,说明新时代是通过努力和奋斗能够真正实现中国梦的时代。

党的十九大报告根据发展了的实际,与时俱进适时提出了新的更高的奋斗目标。从十九大到二十大,是"两个一百年"奋斗目标的历史交汇期,既要全面建成小康社会、实现第一个百年奋斗目标,又要乘势而上开启全面建设社会主义现代化国家新征程,向第二个百年奋斗目标进军。[①]党的十九大报告对 2020 年全面建成小康社会后到 2050 年之间的 30 年作了新的战略规划,按照前后两个 15 年分别提出新的奋斗目标,即到 2035 年基本实现社会主义现代化,到 21 世纪中叶建成社会主义现代化强国。这个奋斗目标比 20 世纪 80 年代初开始设想的"三步走"战略,即到 21 世纪中叶、中华人民共和国成立 100 年时基本实现现代化,提前了15 年。新的战略目标和部署,标志着我国站在了新的历史起点上,开启了新时代的新征程,激励全党全军全国各族人民不断奋斗进取。

（四）新时代赋予中国共产党新的历史使命

实现中华民族伟大复兴的中国梦是新时代中国共产党的历史使命。中国共产党一经成立,就把实现共产主义作为党的最高理想和最终目标,义无反顾肩负起实现中华民族伟大复兴的历史使命,团结带领人民进行了艰苦卓绝的斗争,谱写了气吞山河的壮丽史诗。然而要实现中华民族

---

① 习近平.决胜全面建成小康社会夺取新时代中国特色社会主义伟大胜利——在中国共产党第十九次全国代表大会上的报告 [N].前线,2017-11-05.

伟大复兴,全党必须准备付出更为艰巨、更为艰苦的努力;牢牢把握新时代中国共产党的历史使命,在新时代中国特色社会主义的伟大实践中,凝聚起亿万人民同心共筑中国梦的磅礴力量。

实现中华民族伟大复兴,必须推翻压在中国人民头上的帝国主义、封建主义、官僚资本主义三座大山,实现民族独立、人民解放、国家统一、社会稳定;必须建立符合我国实际的先进社会制度;必须合乎时代潮流、顺应人民意愿,勇于改革开放,让党和人民事业始终充满奋勇前进的强大动力。正是这些正确的认识,让我们党紧紧依靠人民攻克了一个又一个看似不可攻克的难关,创造了一个又一个彪炳史册的人间奇迹。

实现伟大梦想,必须进行伟大斗争,自觉坚持党的领导和社会主义制度,自觉维护人民利益,自觉投身改革创新时代潮流,更加自觉维护我国主权、安全、发展利益,自觉防范各种风险。实现伟大梦想,必须建设伟大工程,深入推进党的建设,不断增强党的政治领导力、思想引领力、群众组织力、社会号召力,确保我们党永葆旺盛生命力和强大战斗力。实现伟大梦想,必须推进伟大事业,全党要更加自觉地增强道路自信、理论自信、制度自信、文化自信,既不走封闭僵化的老路,也不走改旗易帜的邪路,保持政治定力,坚持实干兴邦,始终坚持和发展中国特色社会主义。牢牢把握新时代中国共产党的历史使命,深刻认识新时代实现伟大梦想与进行伟大斗争、建设伟大工程、推进伟大事业之间的内在联系,结合伟大斗争、伟大事业、伟大梦想的实践推进伟大工程,毫不动摇坚持和完善党的领导,毫不动摇把党建设得更加坚强有力,确保我们党始终走在时代前列、始终成为全国人民的主心骨、始终成为坚强领导核心,中国共产党就一定能肩负起新时代的历史使命,为中华民族作出新的伟大历史贡献。

二、现代化经济体系建设的逻辑框架

在党的十九大报告中,对建设现代化经济体系作出战略部署。习近平总书记在 2018 年中共中央政治局第三次集体学习的讲话中强调:"现代化经济体系,是由社会经济活动各个环节、各个层面、各个领域的相互关系和内在联系构成的一个有机整体。"现代化经济体系的框架就包括社会经济活动的生产、分配、流通、消费全部四个环节,具体来说,由基础制度、运行方式、运行主体、动力机制、空间格局、开放模式和目标体系七个部分构成。

（一）基础制度：多元包容，混合一体

十九大报告指出，中国特色社会主义进入新时代，我国社会主要矛盾已经转化为人民日益增长的美好生活需要和不平衡不充分的发展之间的矛盾。我国稳定解决了十几亿人的温饱问题，总体上实现小康，不久将全面建成小康社会，人民美好生活需要日益广泛，对物质文化生活提出了更高要求。更高的物质文化生活需要更发达的生产力，这就要求我们为了适应生产力的发展，进一步构建和完善多元包容、混合一体的经济体制。所谓多元包容、混合一体的经济体制，就是结合经济新常态的大背景，对原有以公有制为主体，多种所有制经济共同发展的所有制结构的进一步阐述。我国现代化经济体系多元包容、混合一体的生产资料所有制是由社会主义制度的本质属性所决定的，是我国现代化经济体系建设与欧美现代化经济体系建设的根本区别。中国特色社会主义现代化经济体系，必须充分反映基本经济制度"两个毫不动摇"的要求，充分发挥多元包容、混合一体促进社会生产力发展的"制度优势"。改革应从两方面着手：以构建市场化环境为原则着力推进宏观层面的混合所有制改革；以尊重企业自主决策为原则审慎推进微观层面的混合所有制改革。混合所有制改革重点是要在垄断行业的国有大型企业中引入新兴行业的民营企业，增强这些企业的效率和活力，并给民营经济发展提供更大的空间。

（二）运行方式：政府市场，共生匹配

党的十九大报告指出，必须坚持和完善我国社会主义基本经济制度和分配制度，毫不动摇巩固和发展公有制经济，毫不动摇鼓励、支持、引导非公有制经济发展，使市场在资源配置中起决定性作用，更好发挥政府作用。习近平总书记明确指出："在市场作用和政府作用的问题上，要讲辩证法、两点论，'看不见的手'和'看得见的手'都要用好，努力形成市场作用和政府作用有机统一、相互补充、相互协调、相互促进的格局，推动经济社会持续健康发展。"我国社会主义市场经济中政府和市场关系是一个辩证统一的有机整体，不能孤立地、片面地理解二者的关系。

（三）运行主体：以实为主，虚实融合

党的十九大报告指出，必须坚持质量第一、效益优先，以供给侧结构性改革为主线，推动经济发展质量变革、效率变革、动力变革，提高全要素生产率,着力加快建设实体经济、科技创新、现代金融、人力资源协同发展的产业体系。目前,我国的产业结构由制造业导向为主,转变为服务业与制造业并重发展,产业结构将从比重由高到低的"第二产业、第三产业、第一产业"转变成"第三产业、第二产业、第一产业"的阶段。其中,第一产业将由种植业比重较大转向农林牧副渔全面发展,第二产业将以先进制造业为主,第三产业将注重发展现代服务业。我国现代产业体系发展的形势很乐观,但其面临不少挑战,主要存在于结构方面、创新能力方面和发展程度方面等。结构方面仍然需要继续优化。一二三产业内部结构不合理,都有待优化。就农业而言,我国是农业大国而不是农业强国,其基础依然薄弱,投入的现代化技术程度不高,农业发展的现代化不足。从第二产业来看,我国是制造业大国而不是制造业强国,在工业发展中不注重采用新技术,科技投入不足。服务业供给不能满足需求,而对于竞争性较强的产业相对来讲集中程度不高,垄断行业的竞争不够激烈,不能很好地满足市场需求。此外还存在产业结构布局不合理、产能产量过剩等问题。

创新能力方面仍然需要有所提高。我国产业缺乏创新能力,不能自主研发新科技、新技术,就会在创新能力竞争中处于劣势,缺乏核心竞争力,与发达国家的差距将会更大。我国的工业产值增幅不大,劳动生产率也无法比拟欧美日等发达国家,差距仍然存在,服务行业量多力不大,缺乏凝聚力,缺乏较大的集团企业或者驰名品牌,服务行业贸易存在高逆差的问题。服务业企业软实力不够强,文化实力不能很好地在企业中得到落实,企业自身的治理结构也没有得到完善,企业的管理水平仍然有可待提高的空间,企业文化、知识产权意识、标准化意识观念淡薄等问题仍然存在。

发展程度方面仍然有待继续协调。第一、二、三产业发展不平衡,服务业、工业、农业协调联动性缺乏,即使在相同的产业链内,上游产业与下游产业、大中型企业与中小型企业之间都明显缺乏协调性。而作为当前快速发展增长的虚拟经济在拉动支撑实体经济发展方面仍然存在欠缺,虚实融合不够,虚拟经济动力支撑程度仍然不够。

构建现代产业发展新体系不仅关系到我国目前经济发展质量,更是经济发展由"外延式"向"内涵式"转变、实现可持续发展的重要举措。多举措并进,积极构建现代产业发展新体系,促进产业转型升级。一是坚持创新驱动,加快建设"产、学、研、用、投"一体化的区域技术创新体系,不断提升产业的自主创新能力和核心竞争力水平。坚持以企业为主体,组建产学研战略合作联盟;围绕行业龙头企业发展,进一步完善专业化协作配套体系;坚持将创新贯穿于生产制造和市场竞争的始终,为"中国创造"产品市场的兴起和扩张创造条件;充分发挥财政资金的市场引导作用和乘数效应,通过"模块化"组合,搭建多元化投融资体系,吸引更多社会资金进入到技术创新领域;加快科技体制改革,打通研发、制造、应用环节,促进科技成果转化和产业化。二是坚持"抓大、促小、育微",构建由大企业龙头引领、中小企业现代专业化产业协作体系。特别是在"抓大"上,着力推进实施大企业大集团倍增计划,以大中小企业配套协调发展为核心,以龙头企业作为引领主体,促进带动中小企业配套协作、快速成长的现代产业分工体系的建立。① 三是以集中、集群、集约为主攻方向,打造具有区域特色和比较优势的产业链、产业集群和产业带。突破行政区划束缚,注重经济区划功能定位,以经济功能而不是行政区划为界统筹协调各类生产要素向园区集中。按照"主业突出、多元发展、功能齐备"原则,推动企业向园区集中、园区向城镇集中、产业向龙头企业集中,加快园区建设。提高产业关联度、延伸并完善产业链、强化园区技术、金融、信息化、物流等公共平台支撑,打造具有区域特色和比较优势的产业集群,形成一批千亿园区、万亿集群或产业带。四是深化开放合作战略,构建深化开放合作体系,构建现代产业发展新体系,加快对外开放的步伐,鼓励支持有条件的企业积极开拓国际国内市场,通过不断提升主导产品、拳头产品的国内外市场占有率,进一步强化产品国际竞争力,提升"引进来"和"走出去"战略实施效率。五是完善现代能源等要素保供体系。逐步建立与现代产业体系相互匹配的交通、能源等生产要素保障、供需监控、使用效率评估和供应协调体系,着力保障主要工业区、重点企业、项目、产业的生产要素需求,促进交通、能源及其他生产要素与现代产业体系相结合,优化生产要素保障方式和途径。②

　　近些年中国经济增长"脱实向虚"的现象,既集中体现了经济新常态下制造业等实体经济部门转型升级乏力等突出问题,更暴露出金融监管能力建设滞后等深层次问题。在以制造业为代表的第二产业等实体经济竞争力提升遇到瓶颈的背景下,金融业竞争不足与货币存量快速增长使金融服务业快速扩张,其在国内生产总值中的比重急剧提升。大量经济实体转行投资金融和房地产业,民间固定资产投资直线下滑。从国际比较的角度判断,中国经济增长已过早进入"脱实向虚"阶段。虚拟经济部

① 姚星,倪畅.构建现代产业发展新体系的战略选择研究[J].中州学刊,2015-05-15.
② 姚星,倪畅.构建现代产业发展新体系的战略选择研究[J].中州学刊,2015-05-15.

门过度发展对实体经济形成了明显的"挤出效应"。因此,促进中国步入实体经济转型升级有序展开、虚拟经济服务保障有力的"虚实融合"良性增长轨道,一方面要以打破上游产业垄断、促进创新发展为抓手,推动实体经济加快实现内涵式增长;另一方面,要牢牢把握金融服务实体经济的本质要求,牵住金融监管体制机制完善这个"牛鼻子",切实加强金融体系对实体经济的支撑作用。

(四)动力机制:创新驱动,转型升级

创新驱动发展战略是落实创新发展理念的战略安排,是一个立足全局、面向全球、聚焦关键、带动整体的国家战略,而不是一个短期的、局部的战略。现代社会的发展,始终面临着需求无限性和能力有限性之间的矛盾,持续增加要素有效供给并形成高效组合,不断提高生产力水平,一直都是各国长期努力的方向。[①]创新不仅能提高传统生产要素的效率,还能够创造新的生产要素,形成新的要素组合。当前世界正在进入以信息产业为主导的新经济发展时期,从当前和今后我国经济发展的现实需要看,加快发展新经济,做大做强新经济,是我国适应新常态、引领新常态的一个重要思路和发展路径,是我国现代经济体系的动力之源。新经济对于我国推进供给侧结构性改革,实现新旧动能转换,具有战略性的重要作用。

(五)空间格局:区域协调,平衡发展

改革开放初期,国家为了带动经济发展,提高国家经济发展水平,本着先富带动后富的理念率先开放沿海地区,着力推进长三角珠三角的发展,带动全国经济发展。然而这种倾斜式的策略也使得沿海与内地经济发展出现了极大的不平衡。从空间上看,我国区域经济发展不平衡主要表现为东中西部的不协调,沿海与内地的不平衡,南方与北方的发展差距;从城乡发展上看,表现为城乡发展不协调、不平衡。为了构建区域平衡发展新格局,需要我们站在新的起点重新规划:优化区域生产力布局,形成均衡化、网络化的产业新格局;实施乡村振兴规划,推进城乡融合发展;打造一批重点城市群,形成一批新的经济增长点。[②]

---

① 北京市中国特色社会主义理论体系研究中心.创新认识的新高度[N].经济日报,2016-03-17.
② 中共日照市委宣传部理论课题组."开放活市"——为全市经济发展注入强劲动力[N].日照日报,2017-01-24.

（六）开放模式：包容互鉴，互利共赢

当前，世界多极化、经济全球化进一步发展，国际政治经济环境深刻变化，开放引领发展的趋势更加明显。只有坚持开放发展，才能赢得经济发展的主动，才能更深度融入世界经济体系、促进各国共同繁荣发展。面对新形势新挑战新任务，要统筹开放型经济顶层设计，加快构建开放型经济新体制，以开放倒逼改革，进一步破除体制机制障碍，使对内对外开放相互促进，"引进来"与"走出去"更好结合。以对外开放的主动赢得经济发展和国际竞争的主动，以开放促改革、促发展、促创新，建设开放型经济强国，为实现"两个一百年"奋斗目标和中华民族伟大复兴的中国梦打下坚实基础。

（七）目标体系：绿色高质、富裕共享

1. 三大变革推动高质量发展

推动高质量发展是当前和今后一个时期确定发展思路、制定经济政策、实施宏观调控的根本要求，实现高质量发展是现代经济体系的试金石。党的十九大报告指出，我国经济已由高速增长阶段转向高质量发展阶段，正处在转变发展方式、优化经济结构、转换增长动力的攻关期。这是新时代我国经济体系的鲜明特征。实现高质量发展，是保持我国经济社会持续健康发展的必然要求，是适应我国社会主要矛盾变化的必然要求，是全面建设社会主义现代化国家的必然要求。

推动高质量发展，要在质量变革、效率变革、动力变革上下苦功。经过改革开放 40 多年的发展，我国已成为世界第二大经济体，经济增长正日益转向更多地依靠消费、服务业和国内需求，更多地依靠劳动者素质提高、技术进步。推动质量变革、效率变革、动力变革，关键是提高全要素生产率，主线是供给侧结构性改革。要以提高产品质量和服务质量为重点，全面提高国民经济各领域、各层面的素质；以大力促进市场竞争为手段，逐步淘汰各种低效率领域，使高效要素进得去，低效要素退得出，为高质量发展打牢效率和竞争力基础；以提高劳动力素质和鼓励创新为抓手，充分发挥人才是第一资源、创新是第一动力、改革是第一推动力的作用，从而为高质量发展厚植根基、注入动力。① 设计新的指标体系、统计体系和绩效评价体系等，形成促进高质量发展的制度环境和体制机制。

---

① 韩保江.加快现代化经济体系建设[N].人民日报，2020-02-04.

2. 绿色低碳发展促进生态文明建设

绿色发展主要是解决人与自然和谐共生问题,绿色发展和低碳发展都是现代化经济体系的应有之义。建设现代化经济体系,既要把绿色低碳发展作为价值引领和"硬约束",又要把绿色低碳发展作为商机和发展动力,进而推动自然资源和自然资本增值,让良好生态环境成为人民生活的标配。让老百姓呼吸上新鲜的空气、喝上干净的水、吃上放心的食物、生活在宜居的环境中,切实感受到经济发展带来的实实在在的环境效益,走向生态文明新时代。创新科技和体制机制,优化产业结构,构建低碳能源体系。发展绿色建筑和低碳交通,建立全国碳排放交易市场。通过一系列政策举措的实施,形成人与自然和谐发展现代化建设新格局。

3. 共建共享达到共富目标

共享理念实质是坚持以人民为中心的发展思想,体现的是逐步实现共同富裕的要求。共享共富发展,既是中国特色社会主义的本质要求,也是中国特色社会主义现代化经济体系不同于其他发达国家经济体系的根本区别。建设现代化经济体系,一方面要不断把"蛋糕"做大,要着眼于实现"共建共享",努力形成"人人参与、人人尽力、人人都有成就感"的产业体系和就业机制,充分调动人民群众的积极性、主动性、创造性,举全民之力推进中国特色社会主义伟大事业;另一方面要把"蛋糕"分好,着力于"共同富裕",让社会主义制度的优越性得到充分体现,让人民群众有更多获得感。坚持就业优先,以人力资源的充本基准来优化产业结构。在提升科技含量和科技贡献率、坚持科技创新、发展高科技产业的同时,大力发展劳动密集型经济,推进第三次产业融合发展,化解由于资本有机构成提高而导致的结构性失业,让人民群众的智慧和创造力在创新创业过程中充分发挥。充分落实按劳分配原则,不断提高劳动所得占初次分配的比重和居民所得占国民收入分配的比重,努力保持城乡居民收入增长与经济增长同步和劳动报酬增长与劳动生产率增长同步。构建完善的社会保障体系,逐步提高低收入和无收入人群的保障水平,大力发展社会慈善事业,彻底消除绝对贫困现象。

第二节　经济法律基础

一、经济法的概念和特征

（一）经济法的概念

经济法是调整在国家协调经济运行过程中发生的经济关系的法律规范的总称。这一定义有以下两方面基本含义：第一，它指出经济法是有特定调整对象的法律规范的总称，表明经济法属于法的范畴，经济法与其他法的部门存在着普遍联系；第二，它指出了经济法的特定调整对象是在国家协调经济运行过程中发生的经济关系，表明经济法与其他法的部门具有根本性的区别。

为了进一步明确经济法的概念，必须深入研究经济法的调整对象。只有真正清楚了经济法的调整对象是什么，即经济法的调整对象的特殊性，才能把经济法和其他法的部门区别开来。

（二）经济法的调整对象

经济法的调整对象是特定的经济关系，这个特定经济关系是在国家协调经济运行过程中发生的经济关系。经济运行需要国家协调，协调经济运行的主体是国家，国家协调的客体是经济运行。经济法调整的经济协调关系包括以下四个方面的内容。

1. 企业组织管理关系

在社会主义市场经济主体中，企业是最主要的主体。国家为了协调经济的运行，对于企业设立、变更和终止，企业内部机构的设置及职权，企业的财务、会计管理等，都应进行必要的干预。在企业的设立变更终止和企业内部管理过程中发生的经济关系，简称"企业组织管理关系"，属于经济协调关系的组成部分。

2. 市场管理关系

要实行社会主义市场经济，必须建立统一开放的市场体系。为了培育市场体系，维护正常的市场经济秩序，克服市场本身无力克服的垄断和不正当竞争，就需要国家的干预和加强市场管理。在市场管理过程中发生的经济关系,简称"市场管理关系",属于经济协调关系的组成部分。

3. 宏观经济调控关系

要实行社会主义市场经济,必须建立以间接手段为主的宏观调控体系。宏观调控是指国家为了实现经济总量的基本平衡,促进经济结构的优化,引导国民经济持续、快速、健康发展,对国民经济总体活动进行的调节和控制。在以间接手段为主的宏观调控过程中发生的经济关系,简称"宏观经济调控关系",[①]属于经济协调关系的组成部分。

4. 社会经济保障关系

要实行社会主义市场经济,必须建立多层次的社会经济保障体系。但是,市场本身无法解决这个问题,因此需要国家出面进行干预,通过相关立法,建立自由公正、诚实信用、社会化管理的社会经济保障制度。在对各类市场主体实行社会经济保障过程中发生的经济关系,简称"社会经济保障关系",属于经济协调关系的组成部分。

(三)经济法的特征

经济法是一个国家法律体系中重要的、独立的不可缺少的法律部门,有自己的调整对象,它与其他法律部门相比较有以下基本特征。

1. 综合性

经济法的综合性表现为:经济法的调整对象具有综合性;经济法的调整方法具有综合性;经济法律规范的内容具有综合性;经济法所涉及的法律形式具有综合性。

2. 经济性

因为经济法的调整对象是经济关系,所以经济法的内容总是直接或间接地与财产相联系,与商品生产和商品交换过程相联系。

3. 全局性

经济法的全局性是指它不仅从一个侧面、一个层次上调整社会经济关系,而且还通过多种形式、多种方式去实现对社会经济生活的全局调整。具体表现为统一性、整体性和宏观目的性。

---

① 杨紫.论新经济法体系——关于适应社会主义市场经济需要的经济法体系的若干问题[J].中外法学,1995-01-30.

4. 干预性

经济法的干预性是指国家运用有形的手段对经济活动直接干预,使经济法具有明显的限制性和促进性,使之成为带有指导性特点的法律。

二、经济法的形式和体系

(一)经济法的形式

经济法的形式,亦称"经济法的渊源",是指经济法的存在或表现形式。我国法属成文法,判例不是法的形式之一,经济法也不例外。就现有立法情况来看,经济法不存在系统法典这一法律表现形式,而是由许多不同效力层次的规范性文件组合而成,主要有以下几种。

1. 宪法

宪法是国家的根本大法,由全国人民代表大会制定和修改,具有最高法律效力。经济法以宪法为渊源,除与其他法律、法规规章、命令、指示等一样不得与之相违背之外,主要是从中吸取有关经济制度的精神,例如:"中华人民共和国的社会主义经济制度的基础是生产资料的社会主义公有制,即全民所有制和劳动群众集体所有制""国家实行社会主义市场经济""国家加强经济立法""完善宏观调控"等。

2. 法律

法律是由全国人民代表大会及其常委会制定的规范性文件,在地位和效力上仅次于宪法,以法律形式表现的经济法构成其主体和核心部分,如《中华人民共和国公司法》《中华人民共和国证券法》《中华人民共和国反不正当竞争法》《中华人民共和国税收征收管理法》《中华人民共和国个人所得税法》等。

3. 行政法规

行政法规是指作为国家最高行政机关的国务院制定的规范性文件,其地位和效力仅次于宪法和法律。经济法大量以该种形式存在,这是由经济的社会化和政府对经济的全方位管理和参与的客观实际所决定的,例如《中华人民共和国公司登记管理条例》《中华人民共和国税收征收管理法实施细则》《中华人民共和国企业所得税法实施条例》等。

4. 地方性法规

地方性法规是地方国家机关制定的规范性文件,其不得与宪法、法律和行政法规相抵触。全国人民代表大会及其常委会还专门制定了一些授权法,授权有关地方国家机关就经济体制改革和对外开放方面的问题可以制定法规和规章,经济法的这一表现形式也是种类繁多,这里不一一列举。

5. 部门规章

部门规章是指国务院的组成部门及其直属机构在其职权范围内制定的规范性文件,如中国人民银行制定的《票据管理实施办法》,国家发展和改革委员会制定的《反价格垄断规定》等。

6. 司法解释

司法解释是最高人民法院在总结审判经验的基础上发布的指导性文件和法律解释,这也是经济法的重要形式之一。

7. 国际条约或协定

国际条约或协定是指我国作为国际法主体同其他国家或地区缔结的双边、多边协议和其他具有条约协定性质的文件。上述文件生效以后,对缔约国的国家机关、团体和公民就具有法律上的约束力,因此国际条约或协定便成为经济法的重要形式之一,如我国加入世界贸易组织与相关国家签订的协议、我国与有关发达国家签订的双边投资保护协定等。

(二)经济法的体系

从广义经济法角度出发,并按照经济关系及经济法调整的基本内容,经济法的体系可大致分为三部分:经济组织法、经济管理法和经济活动法。

1. 经济组织法

这是指关于经济组织的法律制度,主要是企业法律制度,包括全民所有制工业企业法公司法、合伙企业法、个人独资企业法外商投资企业法及企业破产法等。

2. 经济管理法

这是指国家在组织管理和协调经济活动中形成的法律制度,其构成经济法的核心内容,主要包括反不正当竞争法、反垄断法、产品质量法、消费者权益保护法、税法等。

3. 经济活动法

这是指调整经济主体在经济流通和交换过程中发生的权利义务关系而产生的相关民商法律制度,主要包括合同法担保法物权法、知识产权法及票据法、证券法等。

三、经济法律关系

(一)经济法律关系的概念

由于各种法律规范调整的社会关系不同,因而形成了内容和性质各不相同的法律关系,如行政法律关系、民事法律关系等。由此可见,任何法律关系都是由这个法律部门对特定的社会关系进行调整而使这种特定的社会关系法律化。

经济法律关系是指由经济法律确认和保护的,有关当事人之间的经济权利和经济义务关系。在现代经济生活中,由于国家在经济生活中发挥着多种经济职能的作用因此,国家同企业和其他生产经营者之间就必然发生多种错综复杂的经济关系,这种经济关系经法律确认,即成为经济法律关系。

(二)经济法律关系的特征

1. 经济法律关系是一种反映国家干预国民经济活动的意志关系

这种意志性表现在经济法律关系中集中体现国家干预经济、实现宏观调控和规制市场的国家意志。这种国家意志所体现的是全社会整体的长远利益和社会公共利益,并最终通过国家的适度干预,达到发挥市场基础性调节作用的目的,换言之,是国家要为市场基础作用的发挥扫清障碍。而经济法律关系当事人按照经济法律规范的规定,从事具体的经济干预活动,本身就是国家意志的实践。尽管在微观宏观、市场和社会分配调控关系中,在许多情况下都在不同程度上反映着市场主体的意志,但这种意志是以国家意志为前提的,所以在这种经济法律关系中所体现的意志,就其实质来讲仍是国家干预经济的意志。

2. 经济法律关系主体具有复杂性、广泛性和隶属性

经济法律关系主体的复杂性,表现为同一个主体参加不同内容的经

济法律关系而拥有不同的主体地位;其广泛性,表现为凡是受经济法调整的社会组织和其他经济实体,包括不具备法人资格的经济组织内部的职能科室生产单位和个体工商户、农村承包户均可以作为经济法律关系的主体;其隶属性,表现为经济法律关系一方可以是国家机关或企业,另一方是它的下属单位或其企业内部组织机构,它们之间的关系是管理者和被管理者的关系,具有隶属性。

3.经济法律关系是一种具有经济内容的权利义务关系

权利义务是法律关系的核心,法律确认某一法律关系的目的亦是依靠确认权利义务来实现的。经济法律关系体现的权利义务则具有经济内容,即是为了完成一定的经济任务和实现一定的经济目的。权利义务关系的确定是经济法律关系完成的标志,其变更也是经济法律关系变更的依据,其实现也是当事人参与经济法律关系的根本目的。

4.经济法律关系是具有强制性的权利义务关系

经济法律关系的权利义务一旦形成,即受国家强制力保护,任何一方当事人都不得违背。如果某一方不履行经济法律关系确定的义务,将会受到法律的追究,任何一方的权利受到侵害,都可请求法律的保护。

(三)经济法律关系的发生、变更和终止

(1)经济法律关系的发生,是指在经济法律关系主体之间形成一定的经济权利和经济义务关系。

(2)经济法律关系的变更,是指经济法律关系主体、内容、客体的变化。

(3)经济法律关系的终止,是指经济法律关系主体之间的经济权利和经济义务关系的消灭。

(四)经济法律关系的构成

经济法律关系作为法律关系的一种,它也和其他法律关系一样,是由主体、内容、客体三要素构成的。

1.经济法律关系的主体

经济法律关系主体是指参加具体的经济法律关系,依法享受经济权利和承担经济义务的当事人。在经济法律关系中享受经济职权或者经济权利的一方称为职权主体或权利主体;承担经济职责或者经济义务的一方称为职责主体或义务主体。但是,在经济法律关系中,双方当事人在许多情况下,既享受经济职权或经济权利,同时又承担经济职责或经济义务。

经济法主体资格是特定的,它依据两种方式取得:一是法定取得,即是依法律的规定,凡是能够对经济生活实行干预且接受干预的社会组织、公民,都可以作为经济法律关系的主体;二是授权取得,即依据有授权资格的机关的授权而取得的可以对社会经济生活实施某种干预的资格。

我国经济法律关系的主体包括如下组织或个人。

（1）国家

国家一般不作为经济法律关系主体,因为它作为国有企业财产所有权的主体一般不直接对国有企业财产进行经营管理,而是由其委派的国家机关进行管理。但在特殊情况下,在法律、法规做出特别规定时,可成为经济法律关系主体。如在国家发行国库券时,就和购买国库券的单位、个人发生了经济法律关系;在以国家名义与其他国家进行贸易往来,如吸引外资时,国家也成了经济法律关系主体。

（2）经济管理机关

经济管理机关,具体指各级政府及其所设立的各经济管理机构。它们是重要的经济法主体。这是因为,国家管理国民经济的职责和活动,大部分由各级经济管理机关来承担。各种经济管理机关根据相应的国家权力机关的决定而成立,分别享有和行使特定的经济权限,并承担相应的责任。

我国的经济管理机关数量众多,根据其承担的经济管理权责不同,可分为以下几种类型:①综合性经济调控机关。它是指按照国家的经济政策,对市场活动进行宏观调控的经济管理机关,包括计划、财政、税收、金融、价格等管理机关。②行业管理机关。它是指农业、工业、商业、交通运输业建筑业和金融保险业等行业的主管部门。③经济监督机关。它是指统计、会计、审计等机关,是通过统计、会计、审计等手段,对企业的生产经营情况进行监督、管理的经济管理机关,主要包括工商、价格、计量等管理机关。它们依法对企业在市场中的交易、竞争行为进行监督检查,查处违法经营和不正当经营活动,维护市场经济秩序。

（3）经济组织

经济组织指独立核算,从事生产经营的经济实体。经济组织一般应具有法人资格,但也有的经济组织不具有法人资格,如半紧密型经济联合组织等。经济组织按其组织形式及内部财产关系不同,可分为独资企业、合伙企业、公司三种;按其财产所有权状况的不同可分全民所有制企业集体所有制企业私营企业、外商投资企业和联营企业；按其所属行业的不同，可分为工业、交通运输、邮电建筑安装、商业、农业、金融等各种企业。

经济组织成为经济法主体必须具备相应条件：①要享有合法的经营权，这是鉴别经济法主体的主要标志；②实行独立核算，能承担经济责任；③应该履行法定程序。

（4）经济组织的内部机构

经济组织的内部机构，如分厂、车间等，在现实的经营管理中，也往往以自己或其所在经济组织的名义从事一定的活动。特别是现代治理体系中，经济组织内部机构的活动在一定程度上制度化。传统法律部门是从来不承认内部组织的主体资格的，当前司法实践也无力顾及这部分主体，往往把它们要求保护合法利益的诉讼请求推给其主管部门去解决，使其合法权益得不到应有的法律保护。随着经济体制改革的深化，一些大型企业也搞权力下放，经营单位划小财产责任分开，许多以内部组织为一方的经济权益纠纷将日益增多，它们也必须走司法治理的道路。

（5）公民个人和个体工商户

公民个人作为经济法律关系主体有一定的特殊性，这种特殊性表现在公民个人并不是随意就能成为经济法律关系主体的，只有在经济法律法规有相关规定或某种条件下，公民才能成为经济法律关系主体。如，作为纳税主体的公民个人与国家税务机关间所发生的税收法律关系，主体之一就是公民个人。

个体工商户与公民个人有所不同，它可以是一个公民个人经营，也可以是由家庭经营；它拥有法律允许的并与经营性质和规模相适应的生产资料。

2. 经济法律关系的内容

经济法律关系的内容是指经济法律关系主体享有的经济权限和承担的经济义务，是经济法律关系最基本要素之一，是连接双方当事人的纽带。

（1）经济权限

经济权限是法律规范赋予的经济法主体的经济职权和经济权利的总和。经济权限的拥有者，不仅自己可以为一定行为，而且有时必须为一定行为。

经济职权是指国家机构依法行使领导和组织经济建设职能时所享受的一种具有命令与服从性质的权力，它是国家干预社会经济生活的主要形式,具体表现如下。

第一,经济立法权。这是指国家机构依据宪法的规定,制定、修改和废止经济法律法规的权力。它是国家进行宏观调控的主要形式。

第二,经济决策权。这是国家为保证经济总量的平衡、经济结构的优化和全国市场的统一,在合理划分中央与地方经济管理权限中行使的权力。决策权分别由国家权力机关和国家行政机关行使。决策权的内容在许多情况下体现为宏观经济调控权,即计划权、货币发行权、基准利率决定权、汇率调节权、税率决定权等。

第三,经济命令权。这是指国家行政机关要求相对人为特定行为或者不为特定行为的权力。命令权按其法律特征而论,是行政机构单方面的行为,不需要取得相对人的同意,就可以产生必须服从的结果。

第四,经济禁止权。这是指国家行政机关依法不允许相对人为某种行为的权力。

第五,经济许可权。这是指国家行政机关依法对特定人或特定事解除禁止的权力。许可是以禁止一般人为该行为为前提的,但是,由于某种原因的出现、国家机构解除禁止,允许为某种行为。

第六,经济批准权。这是指国家行政机关依法同意特定人取得某种法律资格或者实施某种行为的权力。

第七,经济撤销权。这是指国家行政机关依法对某种法律资格予以取缔或者消灭的权力。它是对特定人既得权利的取消。

第八,经济审核权。这是上级行政机关对所属单位的经济行为的合法性和其真实性进行检查认可的权力。

第九,经济免除权。这是指国家行政机关解除特定人某种作为义务的权力。即特定人依照法律的规定,本应承担某种作为义务,但是,由于出现了某种情况,而解除其作为义务。

第十,经济确认权。这是指国家行政机关对有争议的特定的法律事实或法律关系依法宣告是否存在和有效的权力。

第十一,经济协调权。这是指国家行政机关在促进横向经济联系中,协调地区、部门、企业之间经济关系的权力。

第十二,经济监督权。这是指行政机关对再生产各个环节进行监察和督促的权力。

经济权利是指经济法主体依法自己能够为或不为,或者要求他人为或不为一定行为的资格。我国法律赋予经济法主体的经济权利是极其广泛的,主要包括以下种类。

第一,财产所有权。它是指财产所有人依法对自己的财产享有的占有、使用、收益、处分的权利。

第二,经营管理权。它是指企业对于所有人授予其经营管理的财产享有占有、使用和依法处分的权利,以及由此产生对企业机构设置、人事、劳动等方面的管理权利。经营管理权是财产所有权的基本权能。根据马克思列宁主义理论和我国的实践,所有权和经营管理权是可以适当分开的。所有人可以自己行使经营管理权,也可以授予他人行使经营管理权。企业享有广泛的经营管理权,可以把它分为两类:①经营权,包括生产经营决策权产品劳务定价权产品销售权、物资采购权、进出口权投资决策权、留用资金支配权、资产处置权等;②管理权,包括工资奖金分配权、劳动用工权、内部机构设置权、人事管理权拒绝摊派权联营兼并权等。

第三,自主经营权。这是指集体所有制经济、个体经济和私营经济对自己的财产,享有占有使用收益和处分的权利。这种自主经营权的范围程度与国有企业不同,因为国有企业的自主经营权要受到所有权人即国家的必要限制,而集体经济、个体经济和私营经济组织的自主经营权,实际上就是它们的完全所有权的另一种表现,具有所有权的所有特征。

第四,承包经营权。它是指农村的农民或集体承包和城市的企业职工、班组车间等为完成一定任务对集体和国家的财产,行使占有、使用和收益的权利。

第五,请求权。它是指经济法主体为了维护自身的经济利益,当其合法权益受到侵害或在经济活动中发生纠纷时,有权要求侵权人停止侵权行为,或要求有关部门运用行政或司法的手段维护其合法权益的资格。我国经济法主体享有下列请求权:①要求赔偿权,是指当经济法主体的权利受到他人侵害,并遭受经济损失时,主体有权要求侵权行为人赔偿财产损失;②申诉、举报和起诉权,经济法主体的合法权益受到国家保护,任何部门、单位和个人不得干预和侵犯,否则,被侵犯的经济主体有权向政府和政府有关部门申诉、举报或者依法向法院提起诉讼。

(2)经济义务

经济义务是经济法主体依法必须为一定行为或者不为一定行为的责任。承担经济义务的经济法主体,一方面要依据法律做出一定的行为或抑止一定行为,以保证国家利益和权利主体的权益获得实现;另一方面,经济法主体必须履行的义务限制在法定的范围内,不必履行法律规定以外的义务。此外,经济法主体应自觉履行经济义务,如果不履行或不适当履行,就应受到法律的制裁。

经济义务的表现形式,因其主体的社会性质不同而有很大差异。大致可归纳如下。

第一，经济法主体必须贯彻执行国家的方针和政策，遵守法律和法规。国家的方针和政策是经济法主体行动的指南，法律和法规是经济法主体行动的规则，这是经济法主体在任何情况下都必须遵守和贯彻执行的。一切经济法主体必须切实履行这一义务，才能沿着正确的道路发展，把局部利益和国家利益有机结合起来，把眼前利益和长远利益很好地结合起来，才能有利于经济发展和自身的经济利益，才能使自身的行为产生积极的效果。

第二，正确行使经济权利的义务。我国法律不仅赋予了经济法主体以广泛的经济权利，同时也赋予了经济法主体必须正确行使这些权利的义务，即不得滥用经济权利，不得僭越权利，不得放弃权利和非法转让权利。

第三，服从合法干预的义务。在我国无论是国家的国民经济的调控活动，还是企业的调控活动，都是以国家的法律的授权为依据的。这就决定了凡是调控所及的范围，被调控者都有服从的义务，否则，调控将没有任何意义。

第四，依法纳税的义务。税收是一种通过国家法律规定的强制征收，而不是一般的自愿纳献。任何单位和个人，只要是税法明确规定应纳税，都必须无条件地履行他们的纳税义务。除此之外，凡是国家规定必须缴纳的费用也必须缴纳。

第五，承担经济法律责任的义务。经济法律责任就其实质来讲，是国家对违法行为所做的一种制裁，其目的在于恢复被破坏的法律秩序。而这种恢复，又必须通过经济法律责任主体的积极履行才能实现。现在，我国经济仲裁和经济审判实践中，比较普遍存在执行难的问题，这一方面要通过对责任主体的教育促使其自觉履行；另一方面要通过专责机关的作用，强制其履行。

3. 经济法律关系的客体

经济法律关系的客体是指经济法主体的经济权限和经济义务所指向的对象。经济法律关系的客体是当事人双方发生经济法律关系的目的，没有客体，具体的经济权限和经济义务就不能落实。经济法律关系的客体主要包括物、行为、智力成果。

（1）物

物是指能被人们所支配，并有价值和使用价值的客观存在的实体，包括实物、货币和有价证券。多数经济法律关系的客体表现为实物，在我国，除了法律限制的禁止流通物以外，大多数物都能作为经济法律关系的客体。

（2）行为

行为是指经济法律关系主体为实现一定经济目的所进行的活动，即国家和经济组织在经济调控和市场规制过程中所进行的有目的有意识的活动。主要包括：①组织性行为，如企业的设立终止、联合兼并等行为；②财产性行为，指财产的运行和管理，以及开发、使用等行为；③分配性行为，指国家、企业和职工参与国民收入分配和再分配的行为；④管理行为，包括国家进行国民经济宏观调控、行业管理、经济监督和市场管理的行为，以及企业管理中的行为；⑤经营性行为，指企业在生产经营及市场竞争中的行为。

（3）智力成果

智力成果主要指人们脑力劳动所创造的成果，是一种无形财产，如商标权、专利权等。在法律限定条件下，智力成果可以成为经济法律关系的客体，如科技协作合同的客体即为智力成果。

（五）经济法律关系的确立和保护

1. 经济法律关系的确立

经济法律关系的确立，是指在经济法主体之间形成的国家强制力保障实现的经济权限与经济义务关系的发生、变更和终止。经济法主体之间的这种关系的发生、变更和终止必须具备两个前提条件：一是国家颁布、施行相应的经济法规，如果对某一经济领域国家从未颁布过法律，那么在这一领域中就不会有经济法律关系的发生，当然也谈不上变更和终止。二是要有相应的经济法律事实，即导致经济法律关系发生、变更终止的客观情况。经济法律事实分为两种：一种是经济法律行为，即当事人意志能支配的法律事实，如纳税人缴纳税款、税收机关征收税款的行为；另一种是不以人的意志为转移的法律事实，称为事件，事件可以是自然现象，如自然灾害，可以引起计划法律关系、税收关系发生变化，也可以是社会现象，如军事行动和政府禁令等，它们都可以引起某项管理行为的变化。

2. 经济法律关系的保护

（1）经济法律关系保护的意义

对于经济法律关系的保护，实质上就是对经济法主体的经济职权和经济权利的保护。经济法主体一般都能够自觉地遵守经济法律法规，正确地行使和履行经济职权和经济权利。但是,现阶段些领导者及工作人员思想中还存在着本位主义、地方保护主义,因而会产生不能自觉遵守经济法规,不能正确行使经济职权经济权利和正确履行经济职责经济义务,从而损害国家和人民利益的现象。因此,必须利用国家强制力保证经济职权和经济权利的实现,只有这样才能有效地保证国家机构通过行使经济职权实现领导和组织经济建设的职能,保证企业通过行使经营管理权或法人财产权,使自身的合法权益得以实现,从而使我国社会主义市场经济建设能够健康有序地进行。

（2）经济法律关系保护方法

由于经济法律关系受到侵害及由此产生的结果各不相同,因此,国家必须采取多种方法加以保护。

第一,行政执法保护,是指国家行政机关通过经济行政执法活动所进行的保护。在执法形式上,经济行政执法又是通过强制履行、行政处分、行政处罚和行政复议等手段实现的。

第二,仲裁保护,是指仲裁机构按照仲裁程序对特定的经济纠纷或争议进行裁决的一种手段。

第三,经济审判保护,是指我国人民法院的经济审判、行政审判和刑事审判,都在各自的审判权限内,通过审判活动对经济法律关系进行保护,从而构成对经济法律关系的审判体系。

3. 经济法律责任

国家对经济法律关系的保护,最终是通过追究违法行为的经济法律责任来实现的,从而使得经济法律责任成为经济法律关系保护的一个重要范畴。经济法律责任是指经济法主体因实施了违反经济法律法规的行为而应承担的由法律规定的具有强制性的法律义务。根据我国法律法规的规定,经济法主体可能承担责任的种类如下。

（1）行政责任

行政责任即国家行政机关对违反经济法律法规的单位和个人依行政程序所给予的制裁,包括行政处分和行政处罚。行政处分是行政主管部门按隶属关系对违法者个人所给予的警告、记过、记大过、降职、撤职开除、留用察看等。行政处罚是指国家行政机关对违法单位给予制裁,包括罚款、责令停业、加收滞纳金、没收非法所得、吊销营业执照等。

（2）经济责任

经济责任即国家司法机关对违反经济法律的行为所采取的一种具有经济内容的制裁,其主要形式是侵权赔偿。

（3）刑事责任

刑事责任即人民法院对于触犯国家刑法和经济法律的经济犯罪分子或者法人所给予的制裁。

第三节　建设现代化经济体系中的经济法理论问题①

我国经济体制改革取得了举世瞩目的伟大成果，但经济体制改革是一个过程，目前仍然在路上，而且改革进入深水区。改革的目标是要建设现代化经济体系。建设现代化经济体系是党的十九大确立的经济战略，在这样的经济战略前提下，经济法回应新时代和新阶段提出的新任务，经济法如何助力经济体制改革，是经济法学人的使命。

一、理解我国经济法必须认识现代化经济体系

这是认识经济法的大逻辑、大前提和大背景。在这样的大背景下，经济法的理论与制度应该作出相应的回应和调整。习近平同志在主持中共中央政治局建设现代化经济体系进行第三次集体学习时指出，现代化经济体系是由社会经济活动各个环节、各个层面、各个领域的相互关系和内在联系构成的一个有机整体。所谓经济活动各个环节应包括生产环节、消费环节、交换环节和分配环节，最主要的环节一个是提供产品、提供服务的生产环节，另一个是消费产品接受服务的消费环节。交换和分配两个环节是指生产创造出的产品要进行交换，通过交换实现产品价值，生产获得的价值和财富要进行分配。经济法的调整或多或少都是涉及这四个环节的经济行为。

经济活动涵盖两个大的层面：宏观经济和微观经济。经济活动还包括工业、农业、服务、财政和金融等各个领域。而现代化经济体系内的所有经济活动是相互关联的有机整体。现代化经济体系与非现代化经济体系是相对应的。现代化经济体系具有时代的特征。目前现代化经济体系主要有两种类型：一种是以美国为代表的以私有制为基础的现代化经济体系；另一种是以中国为代表的以公有制为基础的现代化经济体系。信息化是现代化的重要标志之一。我国现代化经济体系有信息化时代的特

---

① 徐孟洲.建设现代化经济体系中的经济法理论问题[J].经济法研究，2018，21（02）：6-8.

征,主要与我国实行的社会主义根本制度相联系。这是我们理解中国经济法的大逻辑、大前提和大背景。

二、依据现代化经济体系完善经济法本体论

现代化经济体系决定经济法的概念、性质和体系结构。现代化经济体系是全面认识经济法的基础;现代化经济体系是科学界定经济法概念和调整范围的客观依据;现代化经济体系决定经济法的经济性特征,决定经济法体系的构成。现阶段一些经济法学者忽略了经济性这一经济法最本质的特征,过多地强调行政性,过度强调政府干预,这样就会把经济法变成经济行政法,违背了经济体制改革和创建中国经济法部门的初心。民法调整平等主体之间的财产关系,其财产法也具有经济性,但经济法的所有法律制度都具有经济性,而且还体现社会性,以维护社会整体利益为本位。依据现代化经济体系宏观和微观两大层面,我国经济法体系也分为两个主干法律制度,当然还有经济法主体制度。所以我理解的经济法体系应当是"一体两翼"结构,"一体"是经济法主体、"两翼"则是宏观调控法制度和市场规制法制度。

三、要以现代化经济体系为依据丰富经济法主体理论

经济法律关系的主体,主要是生产经营者和消费者,所以经济法律关系的主体应当包括经营者、消费者和经济管理者以及一些特殊主体。我们应该站在企业与消费者的角度来看问题,不能只站在政府管理角度看待经济法律关系的主体。我们不能只讲经济法仅仅调整经济管理关系,还应讲经济法调整平等主体之间的竞争关系经济协调协作关系和企业内部的经济承包经营关系等。经济管理机关是我国经济法律关系的主体,经营者和消费者也是和经济管理机关并列的经济法律关系的主体。经营者和消费者作为经济法律关系的主体是一种独立的法律主体,直接从事生产经营分配、交换或消费活动。经济法赋予该类主体具有经济权利能力和经济行为能力,它们依经济法享受经济权利和承担经济义务。我们倡导构建以消费者为中心的经济法律关系主体体系,消费者是经济法律关系的核心主体。

四、建设现代化经济体系的市场规制法理论

市场规制法理论主要包括消费者权益保障理论、经济秩序价值导向理论、保障积极自由与消极自由理论、实质平等与形式平等结合理论、竞争与协作结合理论、鼓励追求创新高质高效的理论、依法精准监管七大理论。

五、建设现代化经济体系的宏观调控法理论

我国《宪法》规定,国家加强经济立法,完善宏观调控,这是宏观调控法的宪法基础。我们主张弘扬依法实施宏观调控理论,这是我国经济法的特色和优势,因此应当坚持弘扬我国宏观调控法理论。另外还要坚持防范系统性风险确保国家经济安全理论,供给侧管理权与需求侧管理权优化配置理论,宏观调控方式智能化与法定化理论,保障发展规划财政、金融协同一致理论以及确立宏观调控责任多元和可操作理论。

第二章 现代化经济体系建设中的企业法律制度

第一节 公司法

一、公司的概念

公司是一种重要的企业组织形式,但由于各国立法习惯以及法律体系的不同,公司的概念也不相同。即使是在同一个国家,在不同的经济时期,随着公司的不断发展和变化,公司的外延和内涵也会发生变化。因此,公司法理论并没有形成一个统一的公司的概念。

英美法系不太注重抽象概念的界定,因而未形成一个明确的公司的定义。例如,有些英美法系国家,不同的利益主体为了实现共同目的、从事共同事业就可以采用公司形式,公司分为商事公司和非营利公司,非营利性公司不一定是企业。大陆法系较为注重概括性法律含义的界定,所以对公司概念一般采取概括规定的方式。根据我国《公司法》的规定,公司是指股东依法以投资方式设立以营利为目的,以其认缴的出资额或认购的股份为限对公司承担责任,公司以其全部独立法人财产对公司债务承担责任的企业法人。

二、公司的特征

根据我国公司法的规定,公司包括有限责任公司和股份有限公司两种类型。一般而言,公司具有以下三个基本的法律特征。

（一）公司具有法人资格

《公司法》第 3 条规定"公司是企业法人"。法人是与自然人并列的一类民商事主体,具有独立的主体性资格,具有法律主体所要求的权利能力与行为能力,能够以自己的名义从事民商事活动并以自己的财产独立承担民事责任。公司是最典型的法人类型,体现了法人的最本质特征。

依据我国公司法的规定,公司法人资格的取得需符合以下条件。

1. 公司必须依法设立

公司的依法设立主要是对设立程序而言的,即公司的设立必须依据法定的程序办理相关的登记手续,领取公司法人营业执照,有的公司如商业银行,保险公司、证券公司等的设立还须经审批程序。凡在我国境内设立的公司,必须依照我国《公司法》《中华人民共和国公司登记管理条例》（以下简称《公司登记管理条例》）及其他相关法律、法规所规定的条件和程序设立。《公司法》第 6 条第 1 款规定:"设立公司,应当依法向公司登记机关申请设立登记。符合本法规定的设立条件的,由公司登记机关分别登记为有限责任公司或者股份有限公司;不符合本法规定的设立条件的,不得登记为有限责任公司或者股份有限公司。"

2. 公司必须具备必要的财产

一定的财产是公司得以存在的物质基础。公司作为一个以营利为目的的企业法人,必须有其可控制与支配的财产,以从事经营活动。我国《公司法》将公司享有的独立的法人财产称之为法人财产权,《公司法》第 3 条第 1 款规定:"公司是企业法人,有独立的法人财产,享有法人财产权。"公司的财产一般被称为公司资产,包括由设备、材料、工具等动产和房屋、土地等不动产以及货币组成的有形财产,也包括企业名称、工业产权等无形财产;但就公司成立时的财产而言,主要是指有形财产。公司成立时的原始财产由股东出资构成,股东可以货币、实物、土地使用权、工业产权等方式出资。股东一旦履行了出资义务,其出资标的物的所有权即转移至公司,构成公司的财产。公司的财产与股东个人的财产相分离。这是公司财产的一个重要特征。它是公司能够独立承担民事责任进而取得法人资格的基础,也是股东只以出资额为限对公司债务承担责任的依据。

3. 公司必须有自己的名称、组织机构和场所

公司的名称相当于自然人的姓名,可以自由选用但必须标明公司的

种类即有限责任公司或股份有限公司。依照《公司法》第8条的规定,有限责任公司必须在公司名称中标明"有限责任公司"或者"有限公司"字样,股份有限公司必须在公司名称中标明"股份有限公司"或者"股份公司"字样。公司名称属于公司章程绝对必要记载事项之一(《公司法》第25条、第81条),也为公司登记事项之一(《公司登记管理条例》第9条)。

公司必须具有完备的组织机构。规范的内部治理结构是公司法人不同于很多其他法人组织的重要标志之一。 公司作为法人并无自然实体,必须设立公司机关以决定和实施公司的意志。公司健全的组织机构是其公司法人意志得以实现的组织保障,它包括公司的权力机构、执行机构和监督机构。依据我国公司法,有限责任公司和股份有限公司的组织机构大体相同而略有差异,主要表现为前者有较多的灵活性而后者有更强的规范性。例如,有限责任公司可以不设董事会,也可以不设监事会。

公司要有自己的经营场所,它是公司实现其设立目的实施经营的地方;公司还必须有自己的住所,其住所可与其场所一致,也可以不一致。但住所是公司法律关系的中心地域,凡涉及公司债务之清偿、诉讼之管辖、书状之送达均以此为标准。依据我国《公司法》第10条之规定,公司以其主要办事机构所在地为住所。

4.公司必须能够以自己的名义从事民商事活动并独立承担民事责任

(1)公司的独立权利。原则上对公司的合法目的而言,公司几乎是与自然人一样的独立实体。公司若要与自然人一样,就必须拥有权利。这些权利是非常广泛的,如以自己的名义拥有财产包括不动产的权利、起诉和应诉的权利以及在公司目的范围内从事任何合法的经营活动的权利。但是,基于公司本身固有的性质和某些法律政策上的原因,公司的权利受到一定限制。如公司不能享有某些只能由自然人享有的生命权、婚姻权、继承权、肖像权、隐私权、名誉权、人格尊严权等权利,又如公司在经营活动中的某些权利应依照公司法的要求与其经营范围相一致。

(2)公司的独立责任。公司必须在依法自主组织生产和经营的基础上自负盈亏,用其全部法人财产对公司债务独立承担责任。公司独立承担责任,就意味着股东除承担对公司的出资义务外,不再承担任何其他责任,即股东的有限责任。这也是公司与其他类型的经济组织形态如合伙、个人独资企业法人的分支机构等的本质区别之一。《公司法》第3条第1款规定:"公司以其全部财产对公司的债务承担责任。"公司的独立责任意味着公司股东的有限责任,《公司法》第3条第2款规定:有限责任公司的股东以其认缴的出资额为限对公司承担责任;股份有限公司的股东以其认购的股份为限对公司承担责任。"有限责任是公司制度的基石。[①]

(二)公司是社团组织,具有社团性

依法人内部组织基础的不同,可将法人分为社团法人和财团法人,公司属于社团法人。公司的社团性表现为它通常由两个或两个以上的股东出资组成。股份有限公司具有完全的社团性,其股东为 2 人以上,有限责任公司同样体现了公司的社团性。只是法律允许存在例外情形。我国公司法关于有限责任公司社团性的例外情形包括两种情况:一是一人有限责任公司,二是国有独资公司,在这两种公司中,都只有一个股东。但是社团性除了含有社员因素外,还含有团体组织性,即不同于单个的个人的特性,而是一个组织体,就此特性而言,一人有限责任公司和国有独资公司同样体现了公司的社团性。

(三)公司以营利为目的,具有营利性

公司以营利为目的,是指设立公司的目的及公司的运作,都是为了谋求经济利益。为此公司必须连续不断地从事某种经济活动,如商品生产、交换或提供某种服务。公司的营利性特征已为世界上许多国家和地区的公司立法所确认,从而成为公司的基本特征。

公司的营利性是公司区别于非营利性法人组织的重要特征。营利法人的宗旨是获取利润并将利润分配于成员(出资人或股东);而非营利法人的宗旨是发展公益、慈善宗教。学术事业,它们即使从事商业活动赚取利润,也只是以营利为手段,旨在实现与营利无关的目的,而且其营利所得不能直接分配于成员。区分营利法人和非营利法人的主要法律意义在于对其设定不同的设立程序、赋予不同的权利能力、适用不同的税法等。

公司的营利性实质上是股东设立公司的目的的反映。公司只有以营利为目的,实现公司利益最大化,才能让股东收回投资,并进而实现盈利。法律承认并保护公司的营利性,方能鼓励投资、创造社会财富,促进市场经济的发展。所以,我国《公司法》第 4 条将股东的资产收益权作为股东的第一项权利加以规定,体现了公司的营利性特征。

---

① 洪宇.经济法 [M].上海:立信会计出版社,2018:64-72.

三、公司的权利能力与行为能力

（一）公司的权利能力

1. 公司权利能力的含义

私法上的权利能力是指一种主体性资格，是法律赋予私法主体从事私法活动、享有权利和承担义务的一般法律前提。公司权利能力是指公司作为法律主体依法享有权利和承担义务的资格。这种资格是由法律赋予的，它是公司在市场经济活动中具体享有权利、承担义务的前提。

公司权利能力的起始时间与自然人有所不同。自然人的权利能力始于出生、终于死亡。而公司的权利能力于公司成立时产生，至公司终止时消灭。那么，公司何时成立、何时终止，就是确定公司权利能力产生和消灭的关键。我国《民法总则》第59条规定，法人的民事权利能力和民事行为能力，从法人成立时产生，到法人终止时消灭。具体而言，依照我国《公司法》第7条的规定，公司营业执照签发日期，为公司成立日期。因此，公司营业执照签发之日，为公司权利能力取得之时。同样，依照《公司法》第189条规定，公司清算结束后，清算组应当制作清算报告，报股东会或者有关主管机关确认，并报送公司登记机关，申请注销公司登记，公告公司终止。因此，公司注销登记之日，即为公司权利能力丧失之时。

2. 公司权利能力的限制

公司的权利能力与自然人的权利能力有较大不同。公司权利能力多属于特别的民事权利能力，往往受到公司法、公司章程以及公司自身性质的限制。主要有：

（1）性质上的限制。公司毕竟为拟制人格，其本身并非为具有新陈代谢功能的生命体，故凡与自然人自身性质相关的权利义务，公司均不可能享有。如前所述，专属于自然人的生命权、健康权婚姻权、继承权、隐私权、名誉权等，公司都不享有。

（2）目的范围的限制。公司作为营利性法人，其所持续经营的事业或业务记载于公司章程，登记于公司营业执照，称为经营范围亦即公司设立的宗旨和目的，其意义表现在以下几个方面：其一，公司的经营范围必须由公司章程作出规定，公司章程未规定的，公司不得经营。其二，公司的经营范围必须依法登记，经依法登记的，才产生公示的效力。其三，公司的经营范围中属于法律、行政法规限制的项目，还必须依法进行批准，否则公司不得经营。如经营银行业、保险业、证券业、须经银临会、保监会、证监会的批准。其四,公司应当在登记的经营范围内从事经营活动。其五,公司需要变更其经营范围的,必须依照法定程序修改公司章程,并经公司登记机关变更登记,才可以变更其经营范围。《公司法》第12条规定:"公司的经营范围由公司章程规定,并依法登记。公司可以修改公司章程,改变经营范围,但是应当办理变更登记。公司的经营范围中属于法律,行政法规规定须经批准的项目,应当依法经过批准。"

由此可知,公司法人的权利能力是有差异的,即不同的公司具有不同的主体性资格,亦即具有不同的权利能力,这是由公司的经营范围所决定的,所以一个服装公司与一个房地产公司的权利能力是不同的,一个证券公司与一个保险公司的权利能力也是不同的。

(二)公司的行为能力 ①

1.公司行为能力的含义

公司的行为能力是指公司基于自己的意思表示,以自己的行为独立取得权利和承担义务的能力。

公司的行为能力与其权利能力具有一致性,这种一致性不仅表现在公司的行为能力与其权利能力同时产生、同时终止,而且表现在公司行为能力的范围和内容与其权利能力的范围和内容也是相一致的,公司权利能力所受到的限制,也同样适用于公司行为能力。这也是法人的权利能力、行为能力制度与自然人的权利能力、行为能力制度不同的地方。

自然人的权利能力都是一致的,但行为能力各有不同,包括完全行为能力、限制行为能力和无行为能力;法人包括公司法人的权利能力就存在差异,不同的法人享有不同的权利能力,而由于法人的权利能力与行为能力的一致性,所以不同的法人也就具有了不同的行为能力。法人行为能力的差异是由于其权利能力的差异导致的,而不像自然人那样,其行为能力的差异是由年龄知识状况决定的。

2.公司行为能力的实现方式

公司是法人,具有法律上的团体人格,它在按照自己的意志实施行为时,与自然人有所不同。首先,公司的意思能力是一种社团的意思能力,它必须通过公司的法人机关来形成和表示。公司的法人机关就是公司的意思机关。公司的法人机关由公司的股东会或股东大会、董事会和监事

---

① 洪宇.经济法[M].上海:立信会计出版社,2018:64-72.

会组成,它们依照公司法规定的职权和程序相互配合又相互制衡,进行公司的意思表示。其次,公司的行为能力体现在对外行为的实施上,公司的对外行为由公司的法定代表人来实施,或者由法定代表人的授权代表来实施。

根据公司章程的规定,公司的法定代表人由董事长执行董事或者经理担任(《公司法》第13条)。公司董事长(或执行董事,或经理)作为公司的法定代表人,按照公司的意思以公司的名义对外进行法律行为,为公司取得权利和承担义务。在公司权利能力范围内,法定代表人或其授权代表所实施的法律行为就是公司自身实施的法律行为,其后果包括权利和义务由公司承受。

(1)对外投资的行为能力。我国《公司法》第15条规定:"公司可以向其他企业投资,但是,除法律另有规定外,不得成为对所投资企业的债务承担连带责任的出资人。"同时,《公司法》第16条规定,公司向其他企业投资,按照公司章程的规定由董事会或者股东会、股东大会决议;公司章程对投资的总额及单项投资的数额有限额规定的,不得超过规定的限额。

(2)担保的行为能力。根据《公司法》第16条的规定,公司为他人提供担保,按照公司章程的规定由董事会或者股东会、股东大会决议;公司章程对担保的总额或者单项担保的数额有限额规定的,不得超过规定的限额。公司为公司股东或者实际控制人提供担保的,必须经股东会或者股东大会决议。接受担保的股东或者受实际控制人支配的股东不得参加表决。该项表决由出席会议的其他股东所持表决权的过半数通过。

(3)借款的行为能力。我国《公司法》规定,只要符合公司章程,经过董事会或股东(大)会同意,公司即可将资金借贷给他人。这表明,公司具有贷款的权利。但是,我国银行法规定,贷款属于银行业务未经国务院银行业监督管理机构批准,任何单位和个人不得从事该业务。可见,我国一般公司的贷款权利虽未受公司法禁止,但受到银行法控制。

第二节　合伙企业法

一、合伙企业法概述

(一)合伙企业的概念

合伙是指两个以上的人为共同目的,相互约定共同出资、共同经营、共享收益、共担风险的自愿联合。

合伙企业是指自然人法人和其他组织依照《中华人民共和国合伙企业法》(以下简称《合伙企业法》在中国境内设文的由各合伙人订立合伙协议,共同出资、合伙经营、共享收益的普通合伙企业和有限合伙企业。

(二)合伙企业的分类

合伙企业分为普通合伙企业和有限合伙企业。普通合伙企业由普通合伙人组成,合伙人对合伙企业债务承担无限连带责任。有限合伙企业由普通合伙人和有限合伙人组成,普通合伙人对合伙企业债务承担无限连带责任,有限合伙人以其认缴的出资额为限对合伙企业债务承担责任。

二、普通合伙企业

(一)普通合伙企业的概念

普通合伙企业是指由普通合伙人组成,普通合伙人对合伙企业债务依照《合伙企业法》规定承担无限连带责任的一种合伙企业。 普通合伙企业具有以下特点:

(1)由普通合伙人组成。所谓普通合伙人,是指在合伙企业中对合伙企业的债务依法承担无限连带责任的自然人、法人和其他组织。

(2)合伙人对合伙企业债务依法承担无限连带责任,法律另有规定的除外。所谓法律另有规定,是指《合伙企业法》中"特殊曾通合伙企业"的规定。

(二)合伙企业的设立

1.合伙企业的设立条件[①]

根据《合伙企业法》的规定,设立合伙企业,应当具备下列条件:

(1)有2个以上合伙人。合伙人为自然人的,应当具有完全民事行为能力。合伙企业合伙人至少为2人以上,对于合伙企业合伙人数的最高限额,我国合伙企业法未作规定。

关于合伙人的资格,《合伙企业法》作了以下限定:①合伙人可以是

---

① 许广义,郭靖超,董兴佩.经济法[M].哈尔滨:哈尔滨工程大学出版社,2018:20-33.

自然人,也可以是法人或者其他组织。合伙人为自然人的,应当具有完全民事行为能力。无民事行为能力人和限制民事行为能力人不得成为合伙企业的合伙人。②国有独资公司、国有企业、上市公司以及公益性的事业单位、社会团体不得成为普通合伙人。③法律、行政法规规定禁止从事营利性活动的人,不得成为合伙人,如警官、法官、检察官。

（2）有书面合伙协议。合伙协议是指合伙人为设立合伙企业而达成的规定合伙人之间权利义务关系的协议。合伙协议应当依法由全体合伙人协商一致,以书面形式订立。订立合伙协议、设立合伙企业,应当遵循自愿、公平、平等、诚实信用原则。

合伙协议经全体合伙人签名、盖章后生效。合伙人按照合伙协议享有权利,履行义务。修改或者补充合伙协议,应当经全体合伙人一致同意。但是,合伙协议另有约定的除外合伙协议未约定或者约定不明确的事项,由合伙人协商决定;协商不成的,依照《合伙企业法》和其他有关法律、行政法规的规定处理。

（3）有合伙人认缴或者实际缴付的出资。合伙协议生效后,合伙人应当按照合伙协议的规定缴纳出资。合伙人可以用货币、实物、知识产权土地使用权或者其他财产权利出资,也可以用劳务出资。合伙人以实物知识产权、土地使用权或者其他财产权利出资,需要评估作价的,可以由全体合伙人协商确定,也可以由全体合伙人委托法定评估机构评估。合伙人以劳务出资的,其评估办法由全体合伙人协商确定,并在合伙协议中载明。合伙人以非货币财产出资的,依照法律、行政法规的规定,需要办理财产权转移手续的,应当依法办理。

（4）有合伙企业的名称和生产经营场所。合伙企业的名称应当与其责任形式相符合。普通合伙企业应当在其名称中标明"普通合伙"字样,其中特殊的普通合伙企业,应当在其名称中标明"特殊普通合伙"字样,合伙企业的名称必须和"合伙"联系起来,名称中必须有"合伙"两字。

2.合伙企业的设立登记

设立合伙企业应当向企业登记机关提交登记申请书、合伙协议书合伙人的身份证明、审批文件、全体合伙人指定的代表或者共同委托的代理人的委托书、出资权属证明、经营场所证明等文件,申请登记。

申请人提交的登记申请材料齐全、符合法定形式,企业登记机关能够当场登记的,应予当场登记,发给营业执照。如果企业登记机关认为当场难以发给营业执照,对有关材料需要进一步核实等情况的,企业登记机关可以不予当场登记,但应当自受理申请之日起 20 日内,作出是否登记的决定。予以登记的,发给营业执照;不予登记的,应当给予书面答复,并说明理由。合伙企业的营业执照签发日期,为合伙企业的成立日期。合伙企业设立分支机构,应当向分支机构所在地的企业登记机关申请登记,领取营业执照。

(三)合伙企业财产

1. 合伙企业财产的构成

根据《合伙企业法》规定,合伙人的出资、以合伙企业名义取得的收益和依法取得的其他财产,均为合伙企业的财产。从这一规定可以看出,合伙企业财产由以下三部分构成:

(1)合伙人的出资。合伙人在合伙协议中认缴的财产是合伙企业的原始财产。

(2)以合伙企业名义取得的收益。合伙企业在经营的过程中,以其名义取得的收益作为合伙企业财产的一部分。

(3)依法取得的其他财产。即根据法律、行政法规的规定合法取得的其他财产,如合法接受赠与的财产等。

2. 合伙企业财产的性质

合伙企业的财产权主体是合伙企业,由全体合伙人依照合伙协议的约定共同管理和使用。在合伙企业在续期间除非有法定事由合伙人不得要求分割合伙企业的财产,也不得私自转移或者处分合伙企业财产。因此,合伙企业的合伙财产具有共有的性质,对合伙企业的占有、使用收益和处分,均应依据全体合伙人的共同意志进行。

3. 合伙人财产份额的转让

合伙人财产份额的转让是指合伙企业的合伙人向他人转让其在合伙企业中的全部或者部分财产份额的行为。根据受让人的不同,合伙人财产份额的转让可以分为外部转让与内部转让。外部转让是指合伙人向合伙人以外的第三人转让其在合伙企业中的全部或者部分财产份额;内部转让是指合伙人之间转让在合伙企业中的全部或者部分财产份额。

合伙人财产份额的转让将会影响合伙人之间的信赖关系,因此,《合伙企业法》对合伙人财产份额的转让作了以下限制性规定:

(1)除合伙协议另有约定外。合伙人财产份额的外部转让,须经其他合伙人一致同意。合伙企业是人合兼资合的企业形式,其中人合的色彩更为浓厚,合伙人财产份额的外部转让必将改变企业合伙人之间的信赖关系,只有经其他合伙人一致同意,才表明其他合伙人同意与受让人共同维持原合伙企业,合伙企业才能继续存续下去。如果其他合伙人不同意接受让人,则合伙企业无法继续存续下去。当然,"合伙人向合伙人以外的人转让其在合伙企业中的全部或者部分财产份额时,须经其他合伙人一致同意",是一项法定的原则,且这项原则是在合伙协议中没有规定的情况下才有法律效力。[①]

(2)合伙人财产份额的内部转让时,应当通知其他合伙人。合伙人财产份额的内部转让因不涉及合伙人以外的人参加,不影响合伙企业的人合性质,因此需要通知其他合伙人即可。

(3)合伙人向合伙人以外的人转让其在合伙企业中的财产份额的,在同等条件下,其他合伙人有优先购买权;但是,合伙协议另有约定的除外。

此外,合伙人以其在合伙企业中的财产份额出质的须经其他合伙人一致同意;未经其他合伙人一致同意,其行为无效,由此给善意第三人造成损失的,由行为人依法承担赔偿责任。合伙人财产份额的出质,是指合伙人将其在合伙企业中的财产份额作为质押物来担保债权人债权实现的行为。如果债务人不能如期清偿债务,质押权人行使权利的最终后果可能导致合伙财产份额依法发生转让,法律因此作出如上规定。

(四)合伙事务执行

1. 合伙事务执行的形式

根据《合伙企业法》的规定,合伙人执行合伙企业事务,可以有两种形式:

(1)全体合伙人共同执行合伙事务。这是合伙事务执行的基本形式也是在合伙企业中经常使用的一种形式,尤其是在合伙人较少、企业规模较小的情况下更为适宜。该形式下全体合伙人具有对外代表合伙企业的权利。

(2)委托一个或者数个合伙人执行合伙事务。这是在各合伙人共同执行合伙事务的基础上引申而来的。在合伙人较多、企业规模较大的情况下,全体合伙人共同执行合伙事务不可避免地会引起过多的冲突和矛盾,同时也会增加企业的经营风险。另外,有的合伙人并不愿意执行合伙事务,而愿意委托其中的一个或者数个合伙人执行合伙事务。因此,可以

---

① 鞠齐.经济法 [M].成都:四川大学出版社,2017:125-129.

按照合伙协议的约定或者经全体合伙人决定,可以委托一个或者数个合伙人对外代表合伙企业,执行合伙事务,其他合伙人不再执行合伙事务。

2.合伙人在执行合伙事务中的权利和义务

(1)合伙人在执行合伙事务中的权利。根据《合伙企业法》的规定,合伙人在执行合伙事务中的权利主要包括以下内容:①合伙人对执行合伙事务享有同等的权利。合伙企业的特点之一就是合伙经营,各合伙人无论其出资多少,都有权平等享有执行合伙企业事务的权利。②执行合伙事务的合伙人对外代表合伙企业。合伙人在代表合伙企业执行事务时,不是以个人的名义进行一定的民事行为,而是以合伙企业事务执行人的身份组织实施企业的生产经营活动。③不执行合伙事务的合伙人的监督权利。④合伙人查阅合伙企业会计账簿等财务资料的权利。查阅账簿是合伙人监督权的延伸,是了解合伙企业经营状况和财务状况的有效手段,因此将其作为合伙人的一项重要权利予以强调。⑤合伙人有提出异议的权利和撤销委托的权利。在合伙人分别执行合伙事务的情况下,执行事务合伙人可以对其他合伙人执行的事务提出异议。提出异议时,应当暂停该项事务的执行。

如果发生争议,依照有关规定作出决定。受委托执行合伙事务的合伙人不按照合伙协议或者全体合伙人的决定执行事务的,其他合伙人可以决定撤销该委托。

(2)合伙人在执行合伙事务中的义务。根据《合伙企业法》的规定,合伙人在执行合伙事务中的义务主要包括以下内容:①合伙事务执行人向不参加执行事务的合伙人报告企业经营状况和财务状况。②合伙人不得自营或者同他人合作经营与本合伙企业相竞争的业务。合伙人熟悉合伙企业内部的情况以及合伙企业的经营秘密,如果某一合伙人利用其掌握的信息自己经营或者与他人合作经营与本合伙企业相竞争的业务,就极有可能损害合伙企业中其他合伙人的利益。因此,《合伙企业法》规定,合伙人不得自营或者同他人合作经营与本合伙企业相竞争的业务。③除合伙协议另有约定或者经全体合伙人一致同意外,合伙人不得同合伙人企业进行交易。因为,当合伙人代表合伙企业同自己进行交易时,很容易损害合伙企业以及其他合伙人的利益而满足个人的私利。④合伙人不得从事损害本合伙企业利益的活动。合伙人在执行合伙事务过程中不得为了自己的私利,损害其他合伙人利益,也不得与其他人恶意串通,损害合伙企业的利益。

3. 合伙事务执行的决议办法

根据《合伙企业法》规定,合伙事务执行决议有以下三种法定办法:

(1)由合伙协议对决议办法有约定的从约定。合伙企业实质上是以合伙协议为基础的企业形式,因此,在企业经营的过程中,应该贯穿合伙人意思优先的原则。

(2)合伙协议未约定或者约定不明确的,实行合伙人一人一票并经全体合伙人过半数通过的表决办法。

(3)依照《合伙企业法》的规定作出决议。如根据《合伙企业法》的规定,除合伙协议另有约定外,合伙企业的下列事项应当经全体合伙人一致同意:①改变合伙企业的名称;②改变合伙企业的经营范围、主要经营场所的地点;③处分合伙企业的不动产;④转让或者处分合伙企业的知识产权和其他财产权利;⑤以合伙企业名义为他人提供担保;⑥聘任合伙人以外的人担任合伙企业的经营管理人员。

4. 合伙企业的损益分配

(1)合伙损益。合伙损益包括两方面的内容:一是合伙利润。它是指以合伙企业的名义所取得的经济利益,即合伙企业财产多于合伙企业债务及出资额之和的部分。二是合伙亏损。它是指合伙企业的财产少于合伙企业债权及出资额之和的部分。合伙亏损是全体合伙人所共同面临的风险。

(2)合伙损益分配原则。合伙损益分配包含合伙企业的利润分配与亏损分担两个方面,对合伙损益分配原则,《合伙企业法》作了原则规定,主要内容为:①合伙企业的利润分配、亏损分担,按照合伙协议的约定办理:合伙协议未约定或者约定不明确的,由合伙人协商决定;协商不成的,由合伙人按照实缴出资比例分配、分担;无法确定出资比例的,由合伙人平均分配、分担。②合伙协议不得约定将全部利润分配给部分合伙人或者由部分合伙人承担全部亏损。

5. 非合伙人参与经营管理

在合伙企业中,由于合伙人经营管理能力往往不足,需要在合伙人之外聘任非合伙人担任合伙企业的经营管理人员,参与合伙企业的经营管理工作。

(1)合伙企业可以从合伙人之外聘任经营管理人员。

(2)聘任非合伙人的经营管理人员,除合伙协议另有约定外,应当经全体合伙人一致同意。

（3）被聘任的经营管理人员,仅是合伙企业的经营管理人员,不是合伙企业的合伙人,因而不具有合伙人的资格。

（4）被聘任的合伙企业的经营管理人员应当在合伙企业授权范围内履行职务；被聘任的合伙企业的经营管理人员,超越合伙企业授权范围履行职务,或者在履行职务过程中因故意或者重大过失给合伙企业造成损失的,依法承担赔偿责任。

（五）合伙企业与第三人的关系

合伙企业与第三人关系,实际是指有关合伙企业的对外关系,即合伙企业与合伙企业的合伙人以外的第三人的关系,涉及合伙企业对外代表权的效力、合伙企业和合伙人的债务清偿等问题。

1. 合伙企业对外代表权的效力

（1）合伙事务执行中的对外代表权。可以取得合伙企业对外代表权的合伙人,主要有三种情况:一是由全体合伙人共同执行合伙企业事务的,全体合伙人都有权对外代表合伙企业；二是由部分合伙人执行合伙企业事务的,只有受委托执行合伙企业事务的那一部分合伙人有权对外代表合伙企业,而不参加执行合伙企业事务的合伙人则不具有对外代表合伙企业的权利；三是由于特别授权在单项合伙事务上有执行权的合伙人,依照授权范围可以对外代表合伙企业。

（2）合伙企业对合伙人执行合伙事务以及对外代表合伙企业权利的限制,不得对抗善意第三人。合伙人执行合伙事务的权利和对外代表合伙企业的权利,都会受到一定的内部限制。如果这种内部限制对第三人发生效力,必须以第三人知道这一情况为条件,否则,该内部限制不对该第三人发生抗辩力。类似物权法上的善意取得制度,立法的初衷在于保护交易安全,减少社会不必要的成本支出,从而维护良性的市场经济秩序。

2. 合伙企业和合伙人的债务清偿

（1）合伙企业的债务清偿与合伙人的关系:①合伙企业财产优先清偿。即在合伙企业存在自己的财产时,合伙企业的债权人应首先从合伙企业的全部财产中求偿,而不应当向合伙人个人直接请求债权。②合伙人的无限连带清偿责任。当合伙企业的财产不能清偿到期债务的,合伙人承担无限连带责任。③合伙人之间的债务分担和追偿。由于承担无限连带责任,合伙人之间的亏损分担比例内部约定对合伙企业的债权人没有约束力。

债权人可以请求全体合伙人中的一人或数人承担全部清偿责任,也可以按照自己确定的清偿比例向各合伙人分别追索。如果某一合伙人实际支付的清偿数额超过其依照既定比例所应承担的数额,该合伙人有权就超过部分向其他未支付或者未足额支付应承担数额的合伙人追偿。

（2）合伙人的债务清偿与合伙企业的关系:①合伙人发生与合伙企业无关的债务,相关债权人不得以其债权抵销其对合伙企业的债务;也不得代位行使合伙人在合伙企业中的权利。②合伙人的自有财产不足清偿其与合伙企业无关的债务的,该合伙人可以以其从合伙企业中分取的收益用于清偿;债权人也可以依法请求人民法院强制执行该合伙人在合伙企业中的财产份额用于清偿。

（六）入伙与退伙

1. 入伙

入伙是指在合伙企业存续期间,合伙人以外的第三人加入合伙从而取得合伙人资格。

（1）入伙的条件和程序。《合伙企业法》规定,新合伙人入伙,除合伙协议另有约定外,应当经全体合伙人一致同意,并依法订立书面入伙协议。

（2）新合伙人的权利和责任。一般来讲,新入伙的合伙人与原合伙人享有同等权利、承担同等责任。但是,如果原合伙人愿意以更优越的条件吸引新合伙人入伙,或者新合伙人愿意以较为不利的条件入伙,也可以在入伙协议中另行约定。关于新合伙人对入伙前合伙企业的债务承担问题,《合伙企业法》规定,新合伙人对入伙前合伙企业的债务承担无限连带责任。

2. 退伙

退伙是指合伙人退出合伙企业,从而丧失合伙人资格。

（1）退伙的原因。合伙人退伙,一般有两种原因:一是自愿退伙;二是法定退伙。

自愿退伙是指合伙人基于自愿的意思表示而退伙。自愿退伙可以分为协议退伙和通知退伙两种。

关于协议退伙,《合伙企业法》规定,合伙协议约定合伙期限的,在合伙企业存续期间,有下列情形之一的,合伙人可以退伙:①合伙协议约定的退伙事由出现；②经全体合伙人一致同意；③发生合伙人难以继续参加合伙的事由；④其他合伙人严重违反合伙协议约定的义务。合伙人违反上述规定退伙的，应当赔偿由此给合伙企业造成的损失。

关于通知退伙，《合伙企业法》规定，合伙协议未约定合伙期限的，合伙人在不给合伙企业事务执行造成不利影响的情况下，可以退伙，但应当提前30日通知其他合伙人。

法定退伙是指合伙人因出现法律规定的事由而退伙。法定退伙分为当然退伙和除名两类。

关于当然退伙，《合伙企业法》规定，合伙人有下列情形之一的，当然退伙：①作为合伙人的自然人死亡或者被依法宣告死亡；②个人丧失偿债能力；③作为合伙人的法人或者其他组织依法被吊销营业执照、责令关闭、撤销，或者被宣告破产；④法律规定或者合伙协议约定合伙人必须具有相关资格而丧失该资格；⑤合伙人在合伙企业中的全部财产份额被人民法院强制执行。此外，合伙人被依法认定为无民事行为能力人或者限制民事行为能力人的，经其他合伙人一致同意，可以依法转为有限合伙人，普通合伙企业依法转为有限合伙企业。其他合伙人未能一致同意的，该无民事行为能力或者限制民事行为能力的合伙人退伙。当然退伙以退伙事由实际发生之日为退伙生效日。

关于除名，《合伙企业法》规定，合伙人有下列情形之一的，经其他合伙人一致同意，可以决议将其除名：①未履行出资义务；②因故意或者重大过失给合伙企业造成损失；③执行合伙事务时有不正当行为；④发生合伙协议约定的事由。对合伙人的除名决议应当书面通知被除名人。被除名人接到除名通知之日，除名生效，被除名人退伙。被除名人对除名决议有异议的，可以自接到除名通知之日起30日内，向人民法院起诉。

（2）退伙的效果。退伙的效果是指退伙时退伙人在合伙企业中的财产份额和民事责任的归属变动。分为两类情况：一是财产继承；二是退伙结算。

关于财产继承，《合伙企业法》规定，合伙人死亡或者被依法宣告死亡的，对该合伙人在合伙企业中的财产份额享有合法继承权的继承人，按照合伙协议的约定或者经全体合伙人一致同意，从继承开始之日起，取得该合伙企业的合伙人资格。有下列情形之一的，合伙企业应当向合伙人的继承人退还被继承合伙人的财产份额：①继承人不愿意成为合伙人；②法律规定或者合伙协议约定合伙人必须具有相关资格，而该继承人未取得该资格；③合伙协议约定不能成为合伙人的其他情形。合伙人的继承人为无民事行为能力人或者限制民事行为能力人的，经全体合伙人一致同意,可以依法成为有限合伙人,普通合伙企业依法转为有限合伙企业。全体合伙人未能一致同意的,合伙企业应当将被继承合伙人的财产份额退还该继承人。死亡的合伙人的继承人取得该合伙企业的合伙人资格,从继承开始之日起获得。

关于退伙结算,《合伙企业法》规定:①合伙人退伙,其他合伙人应当与该退伙人按照退伙时的合伙企业财产状况进行结算,退还退伙人的财产份额。②合伙人退伙时,并不能解除对于合伙企业既往债务的连带责任。退伙人对基于其退伙前的原因发生的合伙企业债务,承担无限连带责任。

(七)特殊的普通合伙企业

1. 特殊的普通合伙企业的含义

特殊的普通合伙企业是指以专业知识和专门技能为客户提供有偿服务的专业服务机构。特殊的普通合伙企业名称中应当标明"特殊普通合伙"字样。

2. 特殊的普通合伙企业的责任形式

(1)责任承担。《合伙企业法》规定,非企业专业服务机构依据有关法律采取合伙制的,其合伙人承担责任的形式可以适用《合伙企业法》关于特殊的普通合伙企业合伙人承担责任的规定。非企业专业服务机构是指不采取企业(如公司制)形式成立的不以营利为目的以自己专业只是提供特定咨询等方面服务的组织,如律师事务所会计师事务所等专业服务机构。特殊的普通合伙企业的责任形式分为两种:①有限责任与无限连带责任相结合。即一个合伙人或者数个合伙人在执业活动中因故意或者重大过失造成合伙企业债务的,应当承担无限责任或者无限连带责任,其他无过错合伙人以其在合伙企业中的财产份额为限承担责任。②无限连带责任。对合伙人在执业活动中非因故意或者重大过失造成的合伙企业债务以及合伙企业的其他债务,全体合伙人承担无限连带责任。

(2)责任追偿。《合伙企业法》规定,合伙人执业活动中因故意或者重大过失造成的合伙企业债务,以合伙企业财产对外承担责任后,该合伙人应当按照合伙协议的约定对给合伙企业造成的损失承担赔偿责任。

三、有限合伙企业

(一)有限合伙企业的概念

有限合伙企业是指由有限合伙人和普通合伙人共同组成,普通合伙人对合伙企业债务承担无限连带责任,有限合伙人以其认缴的出资额为限对合伙企业债务承担责任的合伙组织。引入合伙人有限责任制度有利于调动各方的投资热情,实现投资者与创业者的最佳结合,尤其适合于风险投资。这种组织形式运用到风险投资中,可以由负责企业日常经营管理的普通合伙人承担无限连带责任,而资金投入者只承担有限责任。

在法律适用中,凡是《合伙企业法》中对有限合伙企业有特殊规定的,应当适用有关《合伙企业法》中对有限合伙企业的特殊规定。无特殊规定的,适用有关普通合伙企业及其合伙人的一般规定。

(二)有限合伙企业设立的特殊规定

1. 有限合伙企业人数

《合伙企业法》规定,有限合伙企业由2个以上50个以下合伙人设立;有限合伙企业至少应当有1个普通合伙人。此外,自然人、法人和其他组织可以依照法律规定设立有限合伙企业,但国有独资公司、国有企业、上市公司以及公益性的事业单位、社会团体不得成为有限合伙企业的普通合伙人。

2. 有限合伙企业名称

《合伙企业法》规定,有限合伙企业名称中应当标明"有限合伙"字样。

3. 有限合伙企业协议

有限合伙企业协议是有限合伙企业生产经营的重要法律文件。有限合伙企业协议除符合普通合伙企业合伙协议的规定外,还应当载明下列事项:①普通合伙人和有限合伙人的姓名或者名称、住所;②执行事务合伙人应具备的条件和选择程序;③执行事务合伙人权限与违约处理办法;④执行事务合伙人的除名条件和更换程序;⑤有限合伙人入伙、退伙的条件、程序以及相关责任;⑥有限合伙人和普通合伙人相互转变程序。

4. 有限合伙人出资形式

《合伙企业法》规定,有限合伙人可以用货币、实物、知识产权、土地使用权或者其他财产权利作价出资。有限合伙人不得以劳务出资。劳务出资的实质是用未来劳动创造的收入来投资,而有限合伙人并不参与企业事务的执行。

5. 有限合伙人出资义务

《合伙企业法》规定,有限合伙人应当按照合伙协议的约定按期足额缴纳出资;未按期足额缴纳的,应当承担补缴义务,并对其他合伙人承担违约责任。

6. 有限合伙企业登记事项

《合伙企业法》规定,有限合伙企业登记事项中应当载明有限合伙人的姓名或者名称及认缴的出资数额。

(三)有限合伙企业事务执行的特殊规定

1. 有限合伙企业事务执行人

《合伙企业法》规定,有限合伙企业由普通合伙人执行合伙事务。执行事务合伙人可以要求在合伙协议中确定执行事务的报酬及报酬提取方式。

2. 禁止有限合伙人执行合伙事务

《合伙企业法》规定,有限合伙人不执行合伙事务,不得对外代表有限合伙企业。另外,《合伙企业法》规定,第三人有理由相信有限合伙人为普通合伙人并与其交易的,该有限合伙人对该笔交易承担与普通合伙人同样的责任。有限合伙人未经授权以有限合伙企业名义与他人进行交易,给有限合伙企业或者其他合伙人造成损失的,该有限合伙人应当承担赔偿责任。

3. 有限合伙企业利润分配

《合伙企业法》规定,有限合伙企业不得将全部利润分配给部分合伙人;但是,合伙协议另有约定的除外。

4. 有限合伙人权利

(1)有限合伙人可以同本企业进行交易;但是,合伙协议另有约定的除外。因为有限合伙人并不参与有限合伙企业事务的执行,有限合伙人与本有限合伙企业进行交易时,一般不会损害本有限合伙企业的利益。

(2)有限合伙人可以自营或者同他人合作经营与本有限合伙企业相竞争的业务;但是,合伙协议另有约定的除外。与普通合伙人不同,有限合伙人一般不承担竞业禁止义务,因为有限合伙人实质上是投资者,如果有限合伙人承担竞业禁止义务,则会限制投资者的投资热情,不利于经济的良性发展。

(四)有限合伙企业财产出质与转让的特殊规定

1. 有限合伙人财产份额出质

《合伙企业法》规定,有限合伙人可以将其在有限合伙企业中的财产份额出质,但是,合伙协议另有约定的除外。有限合伙人将其在有限合伙企业中的财产份额进行出质,产生的最终后果是有限合伙企业的有限合伙人财产的转让,这并不影响有限合伙企业的资合性。但是,有限合伙企业合伙协议可以对有限合伙人的财产份额出质作出约定,如有特殊约定,应按特殊约定进行。

2. 有限合伙人财产份额转让

《合伙企业法》规定,有限合伙人可以按照合伙协议的约定向合伙人以外的人转让其在有限合伙企业中的财产份额,但应当提前 30 日通知其他合伙人。

(五)有限合伙人债务清偿的特殊规定

《合伙企业法》规定,有限合伙人的自有财产不足清偿其与合伙企业无关的债务的,该合伙人可以以其从有限合伙企业中分取的收益用于清偿;债权人也可以依法请求人民法院强制执行该合伙人在有限合伙企业中的财产份额用于清偿。人民法院强制执行有限合伙人的财产份额时,应当通知全体合伙人。在同等条件下,其他合伙人有优先购买权。

(六)有限合伙企业入伙与退伙的特殊规定

1. 入伙

《合伙企业法》规定,新入伙的有限合伙人对入伙前有限合伙企业的债务,以其认缴的出资额为限承担责任。

2. 退伙

（1）有限合伙人当然退伙。《合伙企业法》规定,有限合伙人出现下列情形时当然退伙:①作为合伙人的自然人死亡或者被依法宣告死亡;②作为合伙人的法人或者其他组织依法被吊销营业执照、责令关闭、撤销,或者被宣告破产;③法律规定或者合伙协议约定合伙人必须具有相关资格而丧失该资格;④合伙人在合伙企业中的全部财产份额被人民法院强制执行。

（2）有限合伙人丧失民事行为能力的处理。《合伙企业法》规定,作为有限合伙人的自然人在有限合伙企业存续期间丧失民事行为能力的,其他合伙人不得因此要求其退伙。

（3）有限合伙人继承人的权利。《合伙企业法》规定,作为有限合伙人的自然人死亡、被依法宣告死亡或者作为有限合伙人的法人及其他组织终止时,其继承人或者权利承受人可以依法取得该有限合伙人在有限合伙企业中的资格。

（4）有限合伙人退伙后责任承担。《合伙企业法》规定,有限合伙人退伙后,对基于其退伙前的原因发生的有限合伙企业债务,以其退伙时从有限合伙企业中取回的财产承担责任。

（七）合伙人性质转变的特殊规定

《合伙企业法》规定,除合伙协议另有约定外,普通合伙人转变为有限合伙人,或者有限合伙人转变为普通合伙人,应当经全体合伙人一致同意。有限合伙人转变为普通合伙人的,对其作为有限合伙人期间有限合伙企业发生的债务承担无限连带责任。普通合伙人转变为有限合伙人的,对其作为普通合伙人期间合伙企业发生的债务承担无限连带责任。

四、合伙企业的解散和清算

（一）合伙企业的解散

合伙企业解散是指各合伙人解除合伙协议,合伙企业终止活动。

根据《合伙企业法》的规定,合伙企业有下列情形之一的,应当解散:①合伙期限届满,合伙人决定不再经营;②合伙协议约定的解散事由出现;③全体合伙人决定解散;④合伙人已不具备法定人数满30天;⑤合伙协议约定的合伙目的已经实现或者无法实现;⑥依法被吊销营业执照、责令关闭或者被撤销；⑦法律、行政法规规定的其他原因。

(二) 合伙企业的清算

合伙企业解散的，应当进行清算。《合伙企业法》对合伙企业清算作了以下几方面的规定。

1. 确定清算人

合伙企业解散，应当由清算人进行清算。清算人由全体合伙人担任；经全体合伙人过半数同意，可以自合伙企业解散事由出现后 15 日内指定一个或者数个合伙人，或者委托第三人，担任清算人。自合伙企业解散事由出现之日起 15 日内未确定清算人的，合伙人或者其他利害关系人可以申请人民法院指定清算人。

2. 清算人职责

清算人在清算期间执行下列事务：①清理合伙企业财产，分别编制资产负债表和财产清单；②处理与清算有关的合伙企业未了结事务；③清缴所欠税款；④清理债权、债务；⑤处理合伙企业清偿债务后的剩余财产；⑥代表合伙企业参加诉讼或者仲裁活动。

3. 通知和公告债权人

清算人自被确定之日起 10 日内将合伙企业解散事项通知债权人，并于 60 日内在报纸上公告。债权人应当自接到通知书之日起 30 日内，未接到通知书的自公告之日起 45 日内，向清算人申报债权。清算期间，合伙企业存续，但不得开展与清算无关的经营活动。

4. 财产清偿顺序

合伙企业在支付清算费用和职工工资、社会保险费用、法定补偿金以及缴纳所欠税款、清偿债务后的剩余财产，依照《合伙企业法》关于利润分配和亏损分担的规定进行分配。

5. 注销登记

清算结束，清算人应当编制清算报告，经全体合伙人签名、盖章后，在 15 日内向企业登记机关报送清算报告，申请办理合伙企业注销登记。合伙企业注销后，原普通合伙人对合伙企业存续期间的债务仍应承担无限连带责任。

6.合伙企业不能清偿到期债务的处理

合伙企业不能清偿到期债务的,债权人可以依法向人民法院提出破产清算申请,也可以要求普通合伙人清偿。合伙企业依法被宣告破产的,普通合伙人对合伙企业债务仍应承担无限连带责任。

第三节　个人独资企业法

一、个人独资企业法概述

（一）个人独资企业法的概念

个人独资企业法有广义和狭义之分。广义的个人独资企业法是指国家关于个人独资企业的各种法律规范的总称;狭义的个人独资企业法仅指 1999 年 8 月 30 日第九届全国人大常委会第 11 次会议通过的《中华人民共和国个人独资企业法》（以下简称《个人独资企业法》）。制定该法的目的,是为了规范个人独资企业的行为,保护个人独资企业投资人和债权人的合法权益,维护社会经济秩序,促进社会主义市场经济的发展。

（二）个人独资企业的概念和特点

个人独资企业是指依照《个人独资企业法》在中国境内设立,由一个自然人投资,财产为投资个人所有,投资人以其个人财产对企业债务承担无限责任的经营实体。个人独资企业具有以下特征。

1.个人独资企业是由一个自然人投资的企业

根据《个人独资企业法》的规定,设立个人独资企业只能是一个自然人,国家机关、国家授权投资的机构或者国家授权的部门、企业、事业单位等都不能作为个人独资企业的设立人。个人独资企业由于规模较小,一般属于中小企业。《个人独资企业法》第47条规定,外商独资企业不适用本法。

2.个人独资企业的投资人对企业的债务承担无限责任

由于个人独资企业的投资人是一个自然人,对企业的出资多少、是否追加资金或减少资金、采取什么样的经营方式等事项均由投资人一人做主,从权利和义务上看,出资人与企业通常是不可分割的。投资人对企业的债务承担无限责任,即当企业的资产不足以清偿到期债务时,投资人应以自己个人的全部财产用于清偿,这实际上将企业的责任与投资人的责任连为一体。

3. 个人独资企业内部机构设置简单,经营管理方式灵活性较大

个人独资企业的投资人既可以是企业的所有者,又可以是企业的经营者,因此,法律对其内部机构和经营管理方式不像公司和其他企业那样加以严格的规定。

4. 个人独资企业是非法人企业

个人独资企业由一个自然人出资,投资人对企业的债务承担无限责任,因此,个人独资企业不具有法人资格,也无独立承担民事责任的能力。个人独资企业虽然不具有法人资格,但却是独立的民事主体,可以自己的名义从事民事活动。

二、个人独资企业的设立

(一)个人独资企业的设立条件

根据《个人独资企业法》第8条的规定,设立个人独资企业应具备下列条件。

1. 投资人为一个中国公民

个人独资企业的投资人为一个自然人,且只能是一个中国公民,并且不能是法律、行政法规禁止从事营利性活动的人。

2. 有合法的企业名称

名称是企业的标志,企业必须有相应的名称,并应符合法律、法规的要求。个人独资企业的名称应当符合国家关于企业名称登记管理的有关规定,企业名称应与其责任形式及从事的营业相符合。个人独资企业的名称中不得使用"有限""有限责任"或"公司"字样,个人独资企业的名称可以叫厂、店、部、中心、工作室等。

3. 有投资人申报的出资

《个人独资企业法》对设立个人独资企业的出资数额未做限制,只是规定要有出资。根据国家工商行政管理局《关于实施〈个人独资企业登

记管理办法〉有关问题的通知》的规定,设立个人独资企业可以用货币出资,也可以用实物、土地使用权知识产权或其他财产权利出资,采取实物、土地使用权、知识产权或其他财产权利出资的,应将其折算成货币数额。投资人申报的出资额应当与企业的生产经营规模相适应。究竟多少为宜,法律法规并未做出具体规定。投资人可以个人财产出资,也可以家庭共有财产作为个人出资。以家庭共有财产作为个人出资的,投资人应当在设立(变更)登记申请书上予以注明。[①]

4. 有固定的生产经营场所和必要的生产经营条件

生产经营场所包括企业的住所和与生产经营相适应的处所。

5. 有必要的从业人员

设立个人独资企业,要有与其生产经营范围、规模相适应的从业人员。

(二)个人独资企业的设立程序

1. 提出申请

申请设立个人独资企业,应当由投资人或其委托的代理人向个人独资企业所在地的登记机关提出设立申请。

2. 工商登记

登记机关应当在收到设立申请文件之日起 15 日内,对符合《个人独资企业法》规定条件的,予以登记,发给营业执照;对不符合《个人独资企业法》规定条件的,不予登记,并发给企业登记驳回通知书。个人独资企业营业执照的签发日期,为个人独资企业成立日期,在领取个人独资企业营业执照前,投资人不得以个人独资企业名义从事经营活动。

3. 分支机构登记

个人独资企业设立分支机构,应当由投资人或其委托的代理人向分支机构所在地的登记机关申请设立登记。

三、个人独资企业的投资人及事务管理

(一)个人独资企业的投资人

个人独资企业投资人,是指以其财产投资设立独资企业的自然人。

---

① 李裕琛. 经济法律基础 [M]. 北京:中央广播电视大学出版社,2017:58-64.

根据《个人独资企业法》的规定,个人独资企业的投资人为一个具有中国国籍的自然人,但法律行政法规禁止从事营利性活动的人不得作为投资人申请设立独资企业。根据我国有关法律、行政法规规定,国家公务员、党政机关领导干部、警官、法官、检察官、商业银行工作人员等人员,不得作为投资人申请设立个人独资企业。

(二)个人独资企业的事务管理

1. 个人独资企业的事务管理人

个人独资企业投资人可以自行管理企业事务,也可以委托或聘用其他具有民事行为能力的人负责企业的事务管理。受托人或被聘用的人员应当履行诚信、勤勉义务,以诚实信用的态度对待投资人对待企业,尽其所能依法保障企业利益,按照与投资人签订的合同负责个人独资企业的事务管理,不得实施下列行为:(1)利用职务上的便利索取或收受贿赂;(2)利用职务或工作上的便利侵占企业财产;(3)挪用企业的资金归个人使用或借贷给他人;(4)擅自将企业资金以个人名义或他人名义开立账户储存;(5)擅自以企业财产提供担保;(6)未经投资人同意,从事与本企业相竞争的业务;(7)未经投资人同意,同本企业订立合同或进行交易;(8)未经投资人同意,擅自将企业商标或其他知识产权转让给他人使用;(9)泄露本企业的商业秘密;(10)法律、行政法规禁止的其他行为。

2. 个人独资企业的事务管理内容

根据《个人独资企业法》的规定,个人独资企业事务管理的主要内容有以下三种。

(1)会计事务管理。个人独资企业应当依法设置会计账簿,进行会计核算。

(2)用工事务管理。个人独资企业招用职工,应当依法与职工签订劳动合同,保障职工的劳动安全,按时、足额发放职工工资。个人独资企业应严格依照《中华人民共和国劳动法》及有关规定招用职工。

(3)社会保险事务管理。个人独资企业应当按照国家规定参加社会保险,为职工缴纳社会保险费。

四、个人独资企业的权利

《个人独资企业法》对个人独资企业规定了四个方面的权利,具体内容如下。

（一）依法申请贷款

个人独资企业可以根据《中华人民共和国商业银行法》《中华人民共和国合同法》和中国人民银行发布的《贷款通则》等一系列法律法规的规定申请贷款，以供企业生产经营之用。

（二）依法取得土地使用权

《个人独资企业法》规定，个人独资企业可以依法取得土地使用权。个人独资企业可根据《中华人民共和国土地管理法》《中华人民共和国土地管理法实施条例》等法律法规取得土地使用权。

（三）拒绝摊派权

摊派是指在法律法规的规定之外，以任何方式要求企业提供财力、物力和人力的行为。《个人独资企业法》规定，任何单位和个人不得违反法律行政法规的规定，以任何方式强制个人独资企业提供财力、物力、人力；对于违法强制提供财务、物力、人力的行为，个人独资企业有权拒绝。

（四）法律行政法规规定的其他权利

个人独资企业除享有上述权利外，还依法享有十分广泛的权利，例如：根据《中华人民共和国专利法》，企业可以取得专利保护；根据《中华人民共和国商标法》，企业可以取得商标保护等。

五、个人独资企业的解散和清算

（一）个人独资企业的解散

个人独资企业的解散，是指个人独资企业终止活动，使其民事主体资格消灭的行为。根据《个人独资企业法》第26条的规定，个人独资企业有下列情形之一的，应当解散：（1）投资人决定解散；（2）投资人死亡或被宣告死亡，无继承人或继承人决定放弃继承；（3）被依法吊销营业执照；（4）法律、行政法规规定的其他情形。

（二）个人独资企业的清算

个人独资企业解散时，应当进行清算。《个人独资企业法》对个人独资企业的清算做了如下规定。

1. 通知和公告债权人

《个人独资企业法》第 27 条规定，个人独资企业解散，由投资人自行清算或由债权人申请人民法院指定清算人进行清算。投资人自行清算的，应当在清算前 15 日内书面通知债权人；无法通知的，应当予以公告。债权人应当在接到通知之日起 30 日内，未接到通知的应当在公告之日起 60 日内，向投资人申报其债权。

2. 财产清偿顺序

《个人独资企业法》第 29 条规定，个人独资企业解散的，财产应当按照下列顺序清偿：①所欠职工工资和社会保险费用；②所欠税款；③其他债务。个人独资企业财产不足以清偿债务的，投资人应当以其个人的其他财产予以清偿。

3. 清算期间对投资人的要求

《个人独资企业法》第 30 条规定，清算期间，个人独资企业不得开展与清算目的无关的经营活动。在按前述财产清偿顺序清偿债务前，投资人不得转移、隐匿财产。

4. 投资人的持续偿债责任

用法《个人独资企业法》第 28 条规定，个人独资企业解散后，原投资人对个人独资企业存续期间的债务仍应承担偿还责任，但债权人在 5 年内未向债务人提出偿债请求的，该责任消灭。

5. 注销登记

个人独资企业清算结束后，投资人或人民法院指定的清算人应当编制清算报告，并于清算结束之日起 15 日内向原登记机关申请注销登记。个人独资企业办理注销登记时，应当缴回营业执照。

第三章　现代化经济体系建设中的知识产权法律制度

第一节　知识产权法

一、知识产权概述

（一）知识产权的定义

在我国,知识产权作为一个法律用语,最早出现于 1986 年颁布的《中华人民共和国民法通则》,该法第五章将"知识产权"与"财产所有权和与财产所有权有关的财产权""债权""人身权"并列为四大类民事权利。

关于知识产权的定义,目前主要有两种表述方法:列举法和概括法。列举法是通过对知识产权所保护的客体进行列举来确定其内涵;概括法则是通过对客体进行抽象概括来定义知识产权。使用列举方法定义知识产权的典型代表是两个重要的国际公约。

1967 年成立《世界知识产权组织公约》(The Convention Establishing the World Intellectual Property Organization, 简称《WIPO 公约》)第 2 条第 8 款规定,知识产权包括以下有关项目的权利:有关文学、艺术和科学作品的权利,有关表演艺术家的演出、录音和广播的权利,有关人们在一切领域中的发明权利,有关科学发现的权利,有关工业品外观设计的权利,有关商标、服务标志、厂商名称和标记的权利,有关制止不正当竞争的权利,以及在工业、科学、文学和艺术中一切其他源自智力活动的权利。

世界贸易组织《与贸易有关的知识产权协议》(Agreement on Trade Related Aspects of Intellectual Property Rights,简称《TRIPS 协议》)规定知识产权保护的范围包括著作权与邻接权、商标权、地理标记权、工业品外观设计权、专利权、集成电路布图设计权,以及未披露过的信息专有权。

以上两个国际公约对于知识产权范围的界定有所不同,《WIPO 公约》的规定更符合学术界的主流观点,而《TRIPS 协议》主要是从贸易的角度去界定知识产权的范围,因而仅仅涉及与贸易有关的知识产权。

采用概括法的学者也从不同角度对知识产权进行了说明。刘春田认为"知识产权是智力成果的创造人或工商业标记的所有人依法享有的权利的统称"。郑成思认为"知识产权指的是人们可以就其智力创造的成果所依法享有的专有权利"。这两种定义的主要区别在于商业标记是否属于智力成果,对此问题郑成思教授认为,人们在设计和选择各种商业标记时已经付出了必要的智力劳动,因而商业标记属于智力成果。

基于学术界的不同认识,知识产权的概念有广义与狭义之分。狭义的知识产权主要指著作权(含邻接权)、专利权与商标权。其中的专利权与商标权合称为工业产权(Industrial Property)。广义的知识产权除了包括著作权、专利权与商标权之外,通常还包括植物新品种权、地理标志权、集成电路布图设计权、商业秘密权以及发现权等。

一般来说,知识产权是指民事主体对某些创造性的智力劳动成果、经营性标记及其他具有商业价值的信息依法在一定的时间、地域内享有的专有性权利,一般包括精神权利和财产权利两方面。具体来说,知识产权具有以下含义:

(1)知识产权的主体首先是从事创造性智力劳动的人,包括自然人、法人和非法人组织,这类主体被称为原始主体;此外,还存在非创造者在一定条件下通过转让、继承或继受获得知识产权的情况,这类主体被称为继受主体。

需要注意的是,并非所有的智力成果之上都存在知识产权。事实上,绝大多数的智力成果都处于公有领域中,任何人都可以自由利用,而享有专有权、受到知识产权法保护的只是极少数。因而有学者比喻道:"人类的智力活动成果是海洋,而知识产权保护不过是其中的几个孤岛。"①

(2)知识产权的客体包括创造性智力成果和经营性标记,主要表现为作品、发明创造、商业标志及其他具有商业价值的信息等。

(3)知识产权的内容体现为对智力成果的直接支配和获取利益的专有权利,即主体对其智力成果可以依法进行归属性控制、使用与处分并获得相应的经济对价。

---

① 洪宇.经济法[M].上海:立信会计出版社,2018.

（二）知识产权的范围

知识产权是对智力创造成果产生的所有权，各国依照法律对符合条件的成果给予相应保护，保护则体现在一定期限内对其所享有的著作权及其邻接权独占权利。根据上述的定义，知识产权一般分为两类：一是著作权，也称为版权或文学产权；二是工业产权，也称为产业产权。两类权利具体细分为著作权、领接权、专利权、商标权以及其他知识产权。

（三）知识产权的客体

知识产权的客体又称为保护对象，是人们在科学、技术、文化等知识形态领域中所创造的精神产品，本质上是具有商业价值的信息，即所谓的知识产品。知识产品是与物质产品（即民法意义上的有体物）相并存的一种民事权利客体。

知识产品主要包括两类：一是创造性智力成果，包括作品及其传播过程中创造出的新的知识产品、发明创造；二是经营性标记。第一类产生于科技文化领域，第二类产生于工商业领域。分述如下：

作品及其传播中的派生成果泛指文学艺术领域中以不同表现形式出现并且具有原创性的智力成果（著作权客体），以及在传播作品过程中产生的与原创作品有关联的各种智力成果（邻接权客体）。作为著作权客体的作品，又可以分为文学作品、艺术作品和科学作品等；作为邻接权客体的知识产品，主要包括版式设计、艺术表演、录音录像制品、广播节目等。

发明创造一般是指在工业、农业、商业等产业领域中根据科学原理作出的各种技术方案，它通常是专利权的客体。不同国家关于受知识产权法保护的发明创造的范围及保护方法的规定不尽相同。《中华人民共和国专利法》（下称《专利法》）第二条规定"本法所称的发明创造是指发明、实用新型和外观设计。"

经营性标记一般是指在工业、农业、商业等产业领域中能够标示产品来源和厂家特定人格和商誉的区别标记，包括商标、商号、产地名称等。经营性标记能在多种场合使用，不但可以标注在商品及其包装材料上，还能应用于多种宣传媒介的制作。经营性标记通常是商标权或其他知识产权的客体。

二、知识产权法的概念、体系与作用

（一）知识产权法的概念

知识产权法是指调整民事主体之间因知识产品的产生、归属、利用与保护而产生的社会关系的法律规范的总称。

我国目前没有制定统一的《知识产权法典》，而是以特别法的形式分别制定了《中华人民共和国著作权法》（下文简称《著作权法》）、《中华人民共和国商标法》（下文简称《商标法》）、《中华人民共和国专利法》（下文简称《专利法》）等知识产权的相关法律。

（二）知识产权法的性质与地位

1. 知识产权法的性质

知识产权的私权属性决定了知识产权法的私法性质。知识产权法调整的社会关系具有主体平等性，知识产权的权利内容、权利的转移皆遵循民法的基本规则。虽然知识产权法中也包含了一部分具有公法色彩的法律规范，例如专利与商标的申请、审批等，但是这些规范只是知识产权法中的程序性规范，并非知识产权法的核心部分，因此并不会改变它的私法属性。

2. 知识产权法的地位

知识产权法的地位是指其在整个法律体系中的位置，即知识产权法是一个独立的法律部门还是归属于某个法律部门。从世界范围来看，英美法系以判例法为特点，没有编纂法典的传统，因而知识产权法与财产法、合同法等各为独立的法律制度不足为奇；大陆法系多数国家认为知识产权属于民事权利，但在对于知识产权法与民法的关系上各国存在不同的做法。

有些国家认为知识产权法是一个独立的法律部门，因而单独制定了《知识产权法典》，例如法国 1992 年《知识产权法典》；更多的国家是制定相关的单行法。我国学术界对此问题的主流观点认为知识产权法属于民法的范畴，但是对于在未来的《民法典》中是否纳入知识产权法的内容则有不同看法。关于这一问题学术界主要有如下观点：

（1）分离式：主张单独制定《知识产权法典》，使之完全独立于《民法典》。其理由是：知识产权法已经自成体系，其中除了私法性质的规范，还有很多公法特色的规范，难以与物权、债权、人身权等融合为一个有机的整体。例如《法国民法典》就只字未提知识产权，然后单独编纂《知识产权法典》。郑成思教授曾经一度不主张将知识产权法整体编入《民法典》，而应当法典化，制定单独的知识产权法典。但是后来改变了原来的立场，同意将知识产权法纳入《民法典》。

（2）独立成编：主张将知识产权法整体作为2编纳入《民法典》，以强调知识产权的私权性质，例如《越南社会主义共和国民法典》第六编为"知识产权与技术转让"，该编共以3章78条对知识产权进行了规定。我国学者徐国栋教授即持这种观点。

（3）链接式：主张在民法典中仅仅对知识产权作出概括性、原则性的规定，然后再单独编纂《知识产权法典》，使知识产权法典与民法典成链接状。我国学者吴汉东教授即持该观点。

（三）知识产权法的作用

人类社会已经进入知识经济时代，在这个全新的时代中，科学技术与文化艺术既是人类智慧的结晶，也是财富的源泉，甚至已经逐渐取代土地和资本成为最重要的生产要素。知识产权法的完善必将对社会经济文化的发展产生极大的积极影响。

1. 有利于实现国家保护知识产权的战略目的

在知识经济时代，保护知识产权已经不仅仅是保障智力成果创造者利益的手段，更成为世界各国维护国家利益的一个战略手段。国家保护知识产权的目的，是充分鼓励人们进行知识产品的生产和创新，增长社会财富，促进科学、文化事业的发展，从而最终提升国家在世界上的竞争力。例如我国已于2005年6月正式启动了国家知识产权战略制定工作。为了实现这一目的，就必须加强知识产权法的立法和执法工作。

2. 有利于鼓励知识产品的创造

知识产品的生产具有个体性，传播和利用具有公共性。知识产品一旦被创造出来就很容易被复制且同时为多人使用，如果不赋予知识创造者以某种独占权，就难以保证其收回创造成本，这样势必导致社会知识总量的下降。在知识产权出现之前，知识产品常常被他人无偿使用，使得知识创造者无法获取知识的全部或大部分利益，极大地挫伤了创造的积极性。知识产权法以法律的形式要求：知识及与知识有关成果的使用必须得到知识产权所有人的许可,并支付相应的实施费。这就使得创造者的劳动消耗能够通过实施费的形式予以收回,并获得相应收益。知识产权保护制度借助法律的强力,实现了知识创造外部收益的"内部化",使得知识创造的个人收益与社会收益趋于一致,提高了知识创造的投资积极性。同时,也使知识创造本身成为一种有利可图的职业,从而有效促进了科研专业队伍的形成。

3.有利于推动智力成果及时、广泛的应用

知识产权制度确立之前,发明创造者往往只能求助于保密措施,通过保密措施来保证对发明创造的垄断使用。技术保密的实施,一方面带来了高昂的保密成本,另一方面也诱致了大量的重复发明,大大延缓了科技成果的推广与应用。知识产权制度确立之后,发明创造者可以通过申请知识产权获得相应的法律保护,实现了保护责任的有效分担和转移。知识产权保护的有效期限,一方面确保了创造者一定时期内的独占权,维护了创造者的创新收益;另一方面,通过保护期限届满时独占权的自动终止,使得科技信息向社会迅速公开,加速了科技成果的及时推广与应用。同时,也使得他人可以在已公开的发明创造的基础上进行新的发明创造,避免重复劳动,形成发明创造的累积效应,从而缩短科技进步的周期。

知识产权法律保护制度对于维护知识和信息的流通秩序,营造维护知识创新者利益的氛围,以及推动知识的传播和使用,都发挥了不可替代的作用。在以知识与科技为核心的国际竞争中,知识产权法在协调各方利益、维护国家主权的过程中也发挥了积极有效的保障作用。

第二节　著作权法

一、著作权的客体

著作权的客体是指著作权法保护的对象,即文学、艺术和科学领域中的作品。作品是指文学、艺术和科学领域内具有独创性并能以某种有形形式复制的智力成果。其构成要件如下:

(1)属于文学、艺术和自然科学、社会科学、工程技术等科学领域中的智力成果。

(2)具有独创性。其含义有两个方面:一是作品系独立创作完成,而非剽窃之作;二是作品必须体现作者的个性特征,属于作者智力劳动创作结果,即具有创作性。独创性存在于作品的表达之中,作品中所包含的思想并不要求必须具有独创性。著作权法保护作品的表达,不保护作品所包含的思想或主题。由不同作者就同一题材创作的作品,只要作品的表达系独立完成并且具有创作性,应当认定作者各自享有独立的著作权。作品的表达是作品形式和作品内容的有机整体。[①]

（3）可复制性,即作品必须可以通过某种有形形式复制,从而被他人所感知。

（一）作品的种类

（1）文字作品。它是指小说诗词、散文、论文等以文字形式表现的作品。

（2）口述作品。它是指即兴的演说、授课、法庭辩论等以口头语言形式表现的作品。

（3）音乐、戏剧、曲艺、舞蹈、杂技艺术作品。音乐作品是指歌曲、交响乐等能够演唱或演奏的带词或者不带词的作品,戏剧作品是指话剧、歌剧、地方戏等供舞台演出的作品;曲艺作品是指相声快板、大鼓、评书等以说唱为主要形式表演的作品;舞蹈作品是指通过连续的动作、姿势、表情等表现思想情感的作品;杂技作品是指杂技、魔术、马戏等通过形体动作和技巧表现的作品。

（4）美术、建筑作品。美术作品是指绘画、书法、雕塑等以线条、色彩或者其他方式构成的有审美意义的平面或立体造型艺术作品;建筑作品是指以建筑物或者构筑物形式表现的有审美意义的作品。

（5）摄影作品。它是指借助器械在感光材料或者其他介质上记录客观物体形象的艺术作品。

（6）电影作品和以类似摄制电影的方法创作的作品。它们是指摄制在一定介质上,由一系列有伴音或者无伴音的画面组成,并且借助适当装置放映或者以其他方式传播的作品。

（7）图形作品和模型作品。图形作品是指为施工、生产绘制的工程设计图、产品设计图,以及反映地理现象、说明事物原理或者结构的地图、示意图等徐欧派;模型作品,是指为展示、试验或者观测等用途,根据物体的形状和结构,按照一定比例制成的立体作品。

---

① 许广义,郭靖超,董兴佩等. 经济法[M]. 哈尔滨:哈尔滨工程大学出版社,2018.

（8）计算机软件。它是指计算机程序及其文档。

（9）法律、行政法规规定的其他作品，如民间文学艺术作品等。

（二）不予保护的对象

（1）官方文件，是指法律、法规、国家机关的决议，决定命令和其他具有立法、行政、司法性质的文件及其官方正式译文。官方文件具有独创性，属于作品范畴，不通过著作权法保护的根本原因在于方便人们自由复制和传播。

（2）时事新闻，是指通过报纸、期刊、广播电台、电视台等媒体报道的单纯事实消息。时事新闻虽从总体上不受著作权法保护，但传播报道他人采编的时事新闻，应当注明出处。

（3）历法、数表、通用表格和公式。这类成果表现形式单一，应成为人类共同财富，不宜被垄断使用。

二、著作权的主体

（一）一般意义上的著作权主体

1. 作者

创作作品的公民是作者。创作是指产生文学、艺术和科学作品的智力活动。为他人创作进行组织工作，提供咨询意见、物质条件，或者进行了其他辅助工作，均不视为创作。创作是一种事实行为，而非法律行为，不受自然人行为能力状况的限制，但创作成果必须符合作品的条件，创作主体才能取得作者身份。

创作本来只能是具有直接思维能力的自然人特有的活动，但单位也可在特定情形下通过其特定机构或自然人行使或表达其自由意志，因而单位也可被拟制为作者。《著作权法》第11条第3款规定，由法人或者其他组织主持，代表法人或者其他组织意志创作，并由法人或者其他组织承担责任的作品，法人或者其他组织视为作者。单位被视为作者时，可以成为完整的著作权主体，享有作者权利，承担作者义务。

如无相反证明，在作品上署名的公民、法人或者其他组织为作者。当事人提供的涉及著作权的底稿、原件、合法出版物、著作权登记证书、认证机构出具的证明、取得权利的合同等，都可作为认定作者的证据。

2.继受人

继受人是指因发生继承、赠与、遗赠或受让等法律事实而取得著作财产权的人。继受著作权人包括继承人、受赠人受遗赠人、受让人、作品原件的合法持有人和国家。继受著作权人只能成为著作财产权的继受主体，而不能成为著作人身权的继受主体，因著作人身权具有不可转让性。

3.外国人和无国籍人

只要符合下列条件之一，外国人、无国籍人的作品即受我国著作权法保护：

（1）外国人、无国籍人的作品根据其作者所属国或者经常居住地国同中国签订的协议或者共同参加的国际条约享有著作权的。

（2）其作品首先在中国境内出版的。在中国境外首先出版，30日内又在中国境内出版的，视为该作品同时在中国境内出版。

（3）未与中国签订协议或者共同参加国际条约的国家的作者以及无国籍人的作品首次在中国参加的国际条约的成员国出版的，或者在成员国和非成员国同时出版的。

（二）特殊意义上的著作权主体

1.演绎作品

演绎作品又称派生作品，是指在已有作品的基础上，经过改编、翻译、注释、整理等创造性劳动而产生的作品。改编是指改变作品，创作出具有独创性的新作品；翻译是指将作品从一种语言文字转换成为另一种语言文字；注释是指对文字作品中的字、词、句进行解释；整理是指对内容零散层次不清的已有文字作品或者材料进行条理化，系统化的加工。

演绎行为是演绎者的创造性劳动，是一种重要的创作方式。演绎创作所产生的作品，其著作权由演绎者享有，但行使著作权时不得侵犯原作品的著作权。

2.合作作品

合作作品是指两人以上合作创作的作品。其构成要件是：①作者为两人或两人以上。②作者之间有共同创作的主观合意。合意，是指作者之间有共同创作的意图，既可表现为"明示约定"，也可表现为"默示推定"。有共同创作作品的行为，即各方都为作品的完成作出了直接的、实质性的贡献。①

合作作品的著作权由合作作者共同享有。如果合作作品不可以分制使用,如共同创作的小说绘画等,其著作权由各合作作者通过协商一致行使;不能协商一致,又无正当理由的,任何一方不得阻止他人行使除转让以外的其他权利,但是所得收益应当合理分配给所有合作作者。如果合作作品可以分别使用如歌曲,作者对各自创作的部分可以单独享有著作权,但行使著作权时,不得侵犯合作作品整体的著作权。

3. 汇编作品

汇编若干作品,作品的片段或者不构成作品的数据或者其他材料,对其内容的选择或者编排体现独创性的作品,称为汇编作品。汇编作品的构成成分既可以是受著作权法保护的作品及片段,如论文、词条、诗词、图片等,也可以是不受著作权法保护的数据或者其他材料,如法律法规、股市信息、商品报价单等。汇编作品受著作权法保护的根本原因不在于汇编材料本身是否受著作权法保护,而在于汇编人对汇编材料内容的选择或编排付出了创造性劳动。在材料的选择或编排上体现独创性的数据库,可作为汇编作品受著作权法保护。

汇编作品的著作权由汇编人享有,但行使著作权时,不得侵犯原作品的著作权。由于汇编权是作者的专有权利,因而汇编他人受著作权法保护的作品或作品的片段时,应征得他人的同意,并不得侵犯他人对作品享有的发表权、署名权、保护作品完整权和获得报酬权等著作权。

4. 影视作品

影视作品是指电影作品和以类似摄制电影的方法创作的作品。影视作品是比较复杂、系统的智力创作工程,需要制片者、编剧、导演、摄影、演员等方面的通力合作。影视作品的著作权由制片者享有,但编剧、导演、摄影、作词、作曲等作者享有署名权,并有权按照与制片者签订的合同获得报酬。影视作品中的剧本、音乐等可以单独使用的,其作者有权单独行使其著作权。

5. 职务作品

职务作品是指公民为完成法人或者其他组织的工作任务所创作的作品。其特征是:①创作作品的公民与所在法人或其他组织之间存在劳动或聘用关系;②创作完成作品是公民的工作任务,即属于公民在该单位

---

① 许广义,郭靖超,董兴佩等. 经济法[M]. 哈尔滨:哈尔滨工程大学出版社,2018.

中应当履行的职责。工作任务有时是具体的,明确指示公民创作一部作品;有时是笼统的,由劳动合同岗位责任制、聘用手续等作概括性规定。职务作品的认定与公民创作作品是否利用上班时间没有必然联系。

根据《著作权法》第11条第3款的规定,由单位主持、代表单位意志创作并由单位承担责任的作品,单位被视为作者,行使完整的著作权。

职务作品包括以下两种:

(1)一般职务作品。除单位作品外,公民为完成单位工作任务而又未主要利用单位物质技术条件创作的作品,称为一般职务作品。其著作权由作者享有,但法人或者其他组织有权在业务范围内优先使用。作品完成两年内,未经单位同意,作者不得许可第三人或者其他组织以与单位相同的方式使用该作品。作品完成两年内,经单位同意,作者许可第三人以与单位使用的相同方式使用作品所获报酬,由作者与单位按约定的比例分配。作品完成两年的期限,自作者向单位交付作品之日起计算。

(2)特殊职务作品。这是指根据《著作权法》第16条第2款规定,主要是利用法人或其他组织的物质技术条件制作,并由法人或其他组织承担责任的工程设计图、产品设计图、地图、计算机软件等职务作品,或法律、行政法规规定以及合同约定著作权由法人或者其他组织享有的职务作品。特殊职务作品的作者享有署名权,著作权的其他权利由法人或者其他组织享有,法人或者其他组织可以给予作者奖励。

6. 委托作品

委托作品是指作者接受他人委托而创作的作品。委托作品的创作基础是委托合同,既可以是口头的,也可以是书面的;既可以是有偿的,也可以是无偿的。委托作品应体现委托人的意志,实现委托人使用作品的目的。

委托作品的著作权归属由委托人和受托人通过合同约定。合同未作明确约定或者没有订立合同的,著作权属于受托人,但委托人在约定的使用范围内享有使用作品的权利;双方没有约定使用作品范围的,委托人可以在委托创作的特定目的范围内免费使用该作品。

须注意的是,以下两种作品不同于委托作品,其著作权归属有自己特定的规则:一是,除《著作权法》第11条第3款外,由他人执笔、本人审阅定稿并以本人名义发表的报告、讲话等作品,其著作权归报告人或讲话人享有,著作权人可以支付执笔人适当的报酬。二是,当事人合意以特定人物经历为题材完成的自传体作品,当事人对著作权权属有约定的,从其约定;没有约定的,著作权归该特定人物享有,执笔人或整理人对作品完成付出劳动的,著作权人可以向其支付适当的报酬。

7. 原件所有权转移的作品的著作权归属

绘画、书法、雕塑等美术作品的原件所有权转移,不视为作品著作权的转移,但美术作品原件的展览权由原件所有人享有。作品原件购买人可以对美术作品欣赏、展览或再出售,但不得从事修改、复制等侵犯作品版权的行为。

除美术作品外,对载体所有权可能转移的其他作品,都要注意载体所有权变动并不必然引起著作权的变动。我国《合同法》第137条规定:出卖具有知识产权的计算机软件等标的物的,除法律另有规定或者当事人另有约定的以外,该标的物的知识产权不属于买受人。

8. 作者身份不明的作品的著作权归属

作者身份不明的作品,是指从通常途径不能了解作者身份的作品。如果一件作品未署名,或署了鲜为人知的笔名,但作品原件持有人或收稿单位确知作者的真实身份,不属于作者身份不明的作品。

作者身份不明的作品,由作品原件的所有人行使除署名权以外的著作权。作者身份确定后,由作者或者其继承人行使著作权。

三、著作权的内容

（一）著作人身权

著作人身权是指著作权人基于作品的创作依法享有的以人格利益为内容的权利。它与作者的人身不可分离,一般不能继承、转让,也不能被非法剥夺或成为强制执行中的执行标的。

1. 发表权

发表权是指决定作品是否公之于众的权利。其具体内容包括:决定作品是否公之于众;决定作品在何时何地公之于众;决定作品以何种方式公之于众。"公之于众"是指著作权人自行或者经著作权人许可将作品向不特定的人公开,但不以公众知晓为条件。

发表权是一次性权利。作品一旦发表,发表权即行消灭,以后再次使用作品与发表权无关,而是行使使用权的体现;发表权与财产权关系密切,须通过出版、上网、朗诵等使用作品的方式来行使。

2. 署名权

署名权是指表明作者身份,在作品上署名的权利。其具体内容包括:决定是否在作品上署名;决定署名的方式,如署真名、笔名;决定署名的顺序;禁止未参加创作的人在作品上署名;禁止他人假冒署名。即有权禁止他人盗用自己的姓名或笔名在他人作品上署名。

3. 修改权

修改权是指修改或授权他人修改作品的权利。作品表达了作者的思想、情感和观点,公之于众后会直接影响社会公众对作者人格的评价,因而法律赋予作者修改权是对作者人格的尊重。修改通常是指内容的修改,报社、杂志社进行的不影响作品内容的文字性删节不属修改权控制的范围,可以不经作者同意。但对内容的修改,必须征得作者同意。修改既可针对未发表的作品,也可针对已发表的作品。

4. 保护作品完整权

保护作品完整权是指保护作品不受歪曲、篡改的权利。作品是作者思想的反映,也是作者人格的延伸。歪曲、篡改作品不仅损害作品的价值而且直接影响作者的声誉,因而法律禁止任何人以任何方式歪曲和篡改作品。

(二)著作财产权

著作财产权是指著作权人依法享有的控制作品的使用并获得财产利益的权利。

1. 使用权

使用权是指以复制、发行、出租展览、放映广播、网络传播、摄制、改编、翻译、汇编等方式使用作品的权利。

2. 许可使用权

许可使用权是指著作权人依法享有的许可他人使用作品并获得报酬的权利。使用他人作品,应当同著作权人订立许可使用合同,但属于法定使用许可情形的除外。许可使用合同包括下列主要内容:许可使用的权利种类,如复制权、翻译权等;许可使用的权利是专有使用权或者非专有使用权;许可使用的地域范围、期间;付酬标准和方法;违约责任;双方认为需要约定的其他内容。使用许可合同未明确许可的权利,未经著作权人同意,另一当事人不得行使。

3. 转让权

转让权是指著作权人依法享有的转让使用权中一项或多项权利并获得报酬的权利。转让的标的不能是著作人身权,只能是著作财产权中的使用权,可以转让使用权中的一项或多项或全部权利。转让权是新修订著作权法增加的著作财产权内容,符合国际通行做法。转让作品使用权的,应当订立书面合同。合同的主要内容有:作品的名称;转让的权利种类、地域范围;转让价金;交付转让价金的日期和方式;违约责任;双方认为需要约定的其他内容。转让合同中未明确约定转让的权利,未经著作权人同意,另一方当事人不得行使。

4. 获得报酬权

获得报酬权是指著作权人依法享有的因作品的使用或转让而获得报酬的权利。获得报酬权通常是从使用权、许可使用权或转让权中派生出来的财产权,是使用权、许可使用权或转让权必然包含的内容。但获得报酬权有时又具有独立存在的价值,并非完全属于使用权、许可使用权或转让权的附属权利。如在法定许可使用的情况下,他人使用作品可以不经著作权人同意,但必须按规定支付报酬。此时著作权人享有的获得报酬权就是独立存在的,与使用权许可使用权或转让权没有直接联系。使用作品的付酬标准可以由当事人约定,也可以按照国务院著作权行政管理部门会同有关部门制定的付酬标准支付报酬。当事人没有约定或者约定不明确的,按照国家规定的付酬标准支付报酬。

四、著作权的限制

(一)合理使用

合理使用是指根据法律的明文规定,不必征得著作权人同意而无偿使用他人已发表作品的行为。合理使用的情形包括:[①]
(1)为个人学习、研究或者欣赏,使用他人已经发表的作品。
(2)为介绍、评论某一作品或者说明某一问题,在作品中适当引用他人已经发表的作品。
(3)为报道时事新闻,在报纸期刊、广播电台、电视台等媒体中不可避免地再现或者引用已经发表的作品。

① 许广义,郭靖超,董兴佩等. 经济法 [M]. 哈尔滨:哈尔滨工程大学出版社,2018.

（4）报纸期刊、广播电台、电视台等媒体刊登或者播放其他报纸、期刊、广播电台、电视台等媒体已经发表的关于政治、经济、宗教问题的时事性文章，但作者声明不许刊登、播放的除外。

（5）报纸、期刊、广播电台、电视台等媒体刊登或者播放在公众集会上发表的讲话，但作者声明不许刊登、播放的除外。

（6）为学校课堂教学或者科学研究，翻译或者少量复制已经发表的作品，供教学或者科研人员使用，但不得出版发行。

（7）国家机关为执行公务在合理范围内使用已经发表的作品。

（8）图书馆、档案馆、纪念馆、博物馆、美术馆等为陈列或者保存版本的需要，复制本馆收藏的作品。

（9）免费表演已经发表的作品，该表演未向公众收取费用，也未向表演者支付报酬。

（10）对设置或者陈列在室外公共场所的艺术作品进行临摹、绘画、摄影、录像。

（11）将中国公民法人或者其他组织已经发表的以汉语言文字创作的作品翻译成少数民族语言文字作品在国内出版发行。

（12）将已经发表的作品改成盲文出版。

（二）法定许可使用

法定许可使用是指依照法律的明文规定，不经著作权人同意有偿使用他人已经发表作品的行为。它与合理使用的共同之处在于：都是基于法律的明文规定；都只能针对已经发表的作品；都不必征得著作权人的同意；都应当指明作者姓名、作品名称，并不得侵犯著作权人依法享有的其他权利。两者的区别在于：第一，法定许可使用主要是作品传播者的使用行为，而合理使用不受此限；第二，著作权人事先声明不许使用的，一般不适用法定许可制度，但合理使用一般不受此限；第三，法定许可使用是有偿使用，使用人必须按规定支付报酬，而合理使用是无偿使用。

根据有关规定，法定许可使用包括以下情形：

（1）为实施九年制义务教育和国家教育规划而编写出版教科书，除作者事先声明不许使用外，可以不经著作权人许可，在教科书中汇编已经发表的作品片段或者短小的文字作品、音乐作品或者单幅的美术作品、摄影作品。

（2）作品被报社、期刊社刊登后，除著作权人声明不得转载、摘编的外，其他报刊可以转载或者作为文摘、资料刊登。

（3）已在报刊上刊登或者网络上传播的作品,除著作权人声明或者上载该作品的网络服务提供者受著作权人的委托声明不得转载摘编的以外,网站可以转载、摘编。

（4）录音制作者使用他人已经合法录制为录音制品的音乐作品制作录音制品,著作权人声明不许使用的除外。

（5）广播电台、电视台播放他人已经发表的作品。

（6）广播电台电视台播放已经出版的录音制品。

第三节　专利法

一、专利的概念

专利是指权利人对其依法取得的发明、实用新型和外观设计等发明创造所享有的专有与独占的权利。

国家专利主管机关依照法定程序,授予权利人专利,颁发专利证书,权利人在一定时间与地域内具有独占实施其专利的权利。专利权作为工业产权之一,具有独占性、专有性、时间性与地域性等共有特征。

二、专利权的主体、客体与内容

（一）专利权的主体

专利权主体是指依法取得专利,享有专利权、履行义务的自然人、法人和其他组织。专利权主体包括专利所有人与专利持有人。专利所有人为专利权的原始主体,是指被授予专利权的专利申请人。专利持有人为专利权的继受主体,是指专利所有人以外的专利权人。具体而言,专利权的主体主要有如下几种情形:

1.发明人或者设计人

发明人或者设计人是指对发明创造的实质性特点作出创造性贡献的自然人。在完成发明创造的过程中,只负责组织工作的人、为物质技术条件的利用提供方便的人或者从事其他辅助工作的人,不是发明人或者设计人。非职务发明创造,申请专利的权利属于发明人或者设计人申请被批准后,该发明人或者设计人为专利权人。

2. 发明人或者设计人的单位

执行本单位的任务或者主要是利用本单位的物质技术条件所完成的发明创造为职务发明创造。职务发明创造申请专利的权利属于该单位；申请被批准后，该单位为专利权人。利用本单位的物质技术条件所完成的发明创造，单位与发明人或者设计人订有合同，对申请专利的权利和专利权的归属作出约定的，从其约定。

3. 共有人

两个以上单位或者个人合作完成的发明创造、一个单位或者个人接受其他单位或者个人委托所完成的发明创造，除另有协议的以外，申请专利的权利属于完成或者共同完成的单位或者个人；申请被批准后，申请的单位或者个人为专利权人。

4. 合法受让人

合法受让人是指依法定程序，通过有偿受让或者无偿继承、赠与等方式承受专利的自然人、法人及其他组织。合法受让人为继受主体。

（二）专利权的客体

1. 发明

发明是指对产品、方法或者其改进所提出的新的技术方案。它是利用自然规律在技术应用上做出的创造和革新，而不仅仅是对自然规律的新认识。依据发明的表现形式不同，发明可分为产品发明、方法发明、改进发明。

2. 实用新型

实用新型是指对产品的形状、构造或者其结合所提出的适于实用的新的技术方案。实用新型的技术创新水平略低于发明，又被称之为"小发明"。实用新型必须是经过工业方法制造的具有一定形状和构造的产品。

3. 外观设计

外观设计是指对产品的形状、图案或者其结合以及色彩与形状、图案的结合所作出的富有美感并适于工业应用的新设计。它是对产品外观的新设计，强调美感。

（三）专利权的内容

1. 专利权人的权利

专利权人的权利有人身权与财产权之分。专利人身权是指与发明人、设计人的人身不可分离的专利权，主要包括署名权、发表权、修改权和保护作品完整权等。专利财产权是指专利权人占有、使用、收益、处分专利的权利。作为专利权的主要内容，专利财产权具体包括：

（1）独占权。专利独占权，又称专利专有权，只有专利所有权人享有独占实施其专利的权利，未经其许可，自然人、法人或者其他组织均不得使用该专利。发明和实用新型专利权被授予后，除另有规定的以外，任何单位或者个人未经专利权人许可，都不得实施其专利，即不得为生产经营目的制造、使用、许诺销售、销售、进口其专利产品，或者使用其专利方法以及使用、许诺销售、销售、进口依照该专利方法直接获得的产品。外观设计专利权被授予后，任何单位或者个人未经专利权人许可，都不得实施其专利，即不得为生产经营目的制造、许诺销售、销售、进口其外观设计专利产品。

（2）许可权。专利许可权，又称专利许可使用权，专利权人作为许可人，许可他人实施其专利的权利。任何单位或者个人实施他人专利的，应当与专利权人订立实施许可合同，向专利权人支付专利使用费。被许可人无权允许合同规定以外的任何单位或者个人实施该专利。按照被许可人所取得的实施专利权的范围和权限，可以将专利实施许可分为独占许可、排他许可、普通许可、交叉许可、分许可等类型。

独占许可是指被许可人依照约定对许可人的专利享有独占使用权，被许可人是该专利唯一的许可使用者。排他许可又称独家许可，是指被许可人依照约定使用许可人的专利，许可人有使用该专利的权利。普通许可又称一般许可或者非独占许可，是指被许可人依照约定使用许可人的专利，并且许可人有权自己使用与允许他人使用该专利的权利。交叉许可是指权利人通过合同的方式确认相互依赖的两项专利的相互使用权。分许可是指被许可人除依照约定使用专利外，有权允许第三方使用该专利。

（3）转让权。专利转让权是指专利所有人作为转让人，依法转让专利的申请权和专利权的权利。专利申请权和专利权可以转让。中国单位或者个人向外国人、外国企业或者外国其他组织转让专利申请权或者专利权的，应当依照有关法律、行政法规的规定办理手续。转让专利申请权或者专利权的,当事人应当订立书面合同,并向国务院专利行政部门登记,由国务院专利行政部门予以公告。专利申请权或者专利权的转让自登记之日起生效。

（4）其他权利。专利财产权还包括专利投资权、标记权、放弃权、奖励与报酬权、转移权、出质权、诉请保护权等。

2.专利权人的义务

（1）禁止滥用专利权。专利权人依法行使自己的权利,不得损害他人的知识产权和其他合法权益。禁止利用专利权实施垄断或者进行不正当竞争。

（2）缴纳费用。向国务院专利行政部门申请专利和办理其他手续,应当按照规定缴纳费用。这些费用主要有申请费用、登记费用、变更费用、年费等。专利权人应当自被授予专利权的当年开始缴纳年费,以维持专利权的有效性,没有按照规定缴纳年费的,专利权在期限届满前终止。

三、授予专利权的条件

（一）发明专利与实用新型专利的授予条件

1.新颖性

新颖性是指该发明或者实用新型不属于现有技术,也没有任何单位或者个人就同样的发明或者实用新型在申请日以前向国务院专利行政部门提出过申请,并记载在申请日以后公布的专利申请文件或者公告的专利文件中。申请日是国务院专利行政部门收到专利申请文件之日,如果申请文件是邮寄的,以寄出的邮戳日为申请日。现有技术是指申请日以前在国内外为公众所知的技术,不含申请日当日公布的技术。新颖性是以申请日为标准,通过与现有技术方案对比,判断申请人的专利申请是否丧失新颖性。只有在申请日以前尚未公开发表的技术方案,才具有新颖性。

2.创造性

创造性是指与现有技术相比,该发明具有突出的实质性特点和显著的进步,该实用新型具有实质性特点和进步。相比于最接近的现有技术,从技术效果上看,这种创造性对本领域的技术人员来说是非显而易见的。但是,发明与实用新型的创造性要求有所不同。发明所解决的技术问题与现有技术相比有本质的区别,实用新型所解决的技术问题只要比现有技术有区别有进步即可。

3. 实用性

实用性是指该发明或者实用新型能够在工业生产中实际制造或者使用,并且能够解决经济发展中的技术问题,产生有益的、积极的效果。因此,发明或者实用新型一般应该具有工业实用性、重复再现性、有益性。

(二)外观设计专利的授予条件

1. 具有新颖性与独创性

新颖性是指授予专利权的外观设计,应当不属于现有设计;也没有任何单位或者个人就同样的外观设计在申请日以前向国务院专利行政部门提出过申请,并记载在申请日以后公告的专利文件中。独创性是指授予专利权的外观设计与现有设计或者现有设计特征的组合相比,应当具有明显的区别。此处现有设计是指申请日以前在国内外为公众所知的设计。

2. 富有美感且适于应用

富有美感是指外观设计能够给人带来视觉上的美感。是否富有美感应依一般社会观念确定。适于应用即有实用性,是指外观设计专利及其产品能够在工业生产中重复制造,批量生产。

3. 不与在先权利冲突

在先权利是指他人在申请日以前已经取得的合法权利。授予专利权的外观设计不得与他人在申请日以前已经取得的合法权利相冲突,避免混淆与误导公众。

(三)丧失新颖性的例外

申请专利的发明创造在申请日以前6个月内,有下列情形之一的,不丧失新颖性:①在中国政府主办或者承认的国际展览会上首次展出的;②在规定的学术会议或者技术会议上首次发表的;③他人未经申请人同意而泄露其内容的。

（四）不授予专利权的情形

1. 有违公序良俗的发明创造

对违反法律、社会公德或者妨害公共利益的发明创造,或者对违反法律、行政法规的规定获取或者利用遗传资源,并依赖该遗传资源完成的发明创造,不授予专利权。

2. 专利法规定的不授予专利权的情形

《专利法》明确规定,对下列各项不授予专利权:①科学发现;②智力活动的规则和方法;③疾病的诊断和治疗方法;④动物和植物品种;⑤用原子核变换方法获得的物质;⑥对平面印刷品的图案、色彩或者二者的结合作出的主要起标识作用的设计。但是,动物和植物品种的生产方法可以依法授予专利权。

四、专利的申请与审批

（一）专利的申请

1. 专利申请的原则

（1）申请在先原则。同样的发明创造只能授予一项专利权。两个以上的申请人分别就同样的发明创造申请专利的,专利权授予最先申请的人。但是,同一申请人同日对同样的发明创造既申请实用新型专利又申请发明专利,先获得的实用新型专利权尚未终止,且申请人声明放弃该实用新型专利权的,可以授予发明专利权。

（2）优先权原则。申请人自发明或者实用新型在外国第一次提出专利申请之日起 12 个月内,或者自外观设计在外国第一次提出专利申请之日起 6 个月内,又在中国就相同主题提出专利申请的,依照该外国同中国签订的协议或者共同参加的国际条约,或者依照相互承认优先权的原则,可以享有优先权。申请人自发明或者实用新型在中国第一次提出专利申请之日起 12 个月内,又向国务院专利行政部门就相同主题提出专利申请的,可以享有优先权。申请人要求优先权的,应当在申请的时候提出书面声明,并且在 3 个月内提交第一次提出的专利申请文件的副本;未提出书面声明或者逾期未提交专利申请文件副本的,视为未要求优先权。

（3）单一性原则。单一性原则的内容包括发明或者实用新型的单一性原则与外观设计的单一性原则两方面。发明或者实用新型的单一性原则，即一件发明或者实用新型专利申请应当限于一项发明或者实用新型，属于一个总的发明构思的两项以上的发明或者实用新型，可以作为一件申请提出。外观设计的单一性原则，即一件外观设计专利申请应当限于一项外观设计。同一产品两项以上的相似外观设计，或者用于同一类别并且成套出售或者使用的产品的两项以上外观设计，可以作为一件申请提出。

（4）形式法定原则。专利申请的请求书、说明文件等文件及各项手续都必须以书面形式或者国家专利主管部门规定的其他形式办理，否则不产生法律效力。专利申请文件应当使用中文；国家有统一规定的科技术语的，应当采用规范词；外国人名、地名和科技术语没有统一中文译文的，应当注明原文。

2. 专利申请的提出

（1）专利申请人。申请人可以亲自提出申请，也可以委托依法设立的专利代理机构办理。在中国没有经常居所或者营业所的外国人、外国企业或者外国其他组织在中国申请专利的，应当委托依法设立的专利代理机构办理，依照其所属国同中国签订的协议或者共同参加的国际条约，或者依照互惠原则，依法办理。

（2）专利申请前的论证。申请专利需要缴纳各种费用，需要公开发明创造，审批时间长。为此，在必要时，申请人可以进行申请的必要性、申请的专利种类、申请时机、申请的结果的初步判断、市场预测等方面的评估论证。

（3）提交专利申请文件。申请发明或者实用新型专利的，应当提交请求书、说明书及其摘要和权利要求书等文件，并可以依法修改其专利申请文件，但其修改不得超出原说明书和权利要求书记载的范围。申请外观设计专利的，应当提交请求书、该外观设计的图片或者照片以及对该外观设计的简要说明等文件，并可以依法修改其专利申请文件。

3. 专利申请的撤回

申请人可以在被授予专利权之前随时向国务院专利行政部申请撤回其专利。申请人撤回其专利申请时，应当向国务院专利行政部门提出声明，写明发明创造的名称、申请号和申请日。撤回专利申请的声明在国务院专利行政部门做好公布专利申请文件的印刷准备工作后提出的，申请文件予以公布；但是，撤回专利申请的声明应当在以后出版的专利公报上予以公告。

（二）专利的审批

1. 发明专利的审批

（1）发明专利的受理。国务院专利行政部门负责管理全国的专利工作，统一受理和审查专利申请，依法授予专利权。国务院专利行政部门收到专利申请文件后，发出受理通知书，给予专利申请号。国务院专利行政部门收到专利申请文件之日为申请日。如果申请文件是邮寄的，以寄出的邮戳日为申请日。

（2）发明专利的初步审查。国务院专利行政部门收到发明专利申请后，主要对申请文件的形式、费用缴纳等情况进行初步的形式审查。初审不合格者，国务院专利行政部门通知申请人予以补正或者陈述意见，仍不合格者，驳回其申请。

（3）发明专利的公布。国务院专利行政部门经初步审查认为符合要求的，自申请日起满 18 个月，在《发明专利公报》上即行公布。国务院专利行政部门可以根据申请人的请求早日公布其申请。

（4）发明专利的实质审查。发明专利申请自申请日起 3 年内，国务院专利行政部门可以根据申请人随时提出的请求，对其申请进行实质审查；申请人无正当理由逾期不请求实质审查的，该申请即被视为撤回。国务院专利行政部门认为必要的时候，可以自行对发明专利申请进行实质审查。可见，发明专利的实质审查的启动以申请人申请为原则，主要审查发明的新颖性、创造性、实用性等内容。国家专利行政管理部门审查的顺序依次为实用性、新颖性和创造性。

（5）发明专利的授权决定。国务院专利行政部门对发明专利申请进行实质审查后，认为不符合《专利法》规定的，应当通知申请人，要求其在指定的期限内陈述意见，或者对其申请进行修改；无正当理由逾期不答复的，该申请即被视为撤回。发明专利申请经申请人陈述意见或者进行修改后，国务院专利行政部门仍然认为不符合《专利法》规定的，应当予以驳回。发明专利申请经实质审查没有发现驳回理由的，由国务院专利行政部门作出授予发明专利权的决定，发给发明专利证书，同时在《发明专利公报》上予以登记和公告。发明专利权自公告之日起生效。

2. 实用新型与外观设计专利的审批

实用新型和外观设计专利申请经初步审查没有发现驳回理由的，由国务院专利行政部门作出授予实用新型专利权或者外观设计专利权的决定,发给相应的专利证书,同时予以登记和公告。实用新型专利权和外观设计专利权自公告之日起生效。可见,实用新型和外观设计专利采取初审登记制。其审批程序一般为受理申请、初步审查、授权公告,各阶段的工作内容参照发明专利的审批。

(三)专利的复审

1. 专利复审的请求

国务院专利行政部门设立专利复审委员会。专利申请人对国务院专利行政部门驳回申请的决定不服,可以自收到通知之日起3个月内,向专利复审委员会请求复审。复审请求人在专利复审委员会作出决定前,可以撤回其复审请求,复审程序终止。

2. 专利复审的决定

专利复审委员会复审后,作出决定,并通知专利申请人。专利申请人对专利复审委员会的复审决定不服,可以自收到通知之日起3个月内向人民法院起诉。

五、专利权的期限,终止和无效

(一)专利权的期限

发明专利权的期限为20年,实用新型专利权和外观设计专利权的期限为10年,均自申请日起计算。

(二)专利权的终止

有下列情形之一的,专利权在期限届满前终止,专利权失效:①没有按照规定缴纳年费的;②专利权人以书面声明放弃其专利权的。专利权在期限届满前终止的,由国务院专利行政部门登记和公告。

(三)专利权的无效

1. 请求宣告专利权无效

专利权的授予不符合法律规定是专利权被请求宣告无效的事由。自国务院专利行政部门公告授予专利权之日起,任何单位或者个人认为该专利权的授予不符合法律规定的,可以请求专利复审委员会宣告该专利权无效。宣告无效的专利权视为自始即不存在。

2. 撤回宣告专利权无效的请求

专利复审委员会作出决定之前,无效宣告请求人撤回其无效宣告请求的,无效宣告请求审查程序终止。但是,专利复审委员会认为根据已进行的审查工作能够作出宣告专利权无效或者部分无效的决定的,不终止审查程序。无效宣告请求人对专利复审委员会发出的口头审理通知书在指定的期限内未作答复,并且不参加口头审理的,其无效宣告请求视为撤回。

3. 宣告专利权无效

专利复审委员会对宣告专利权无效的请求应当及时审查和作出决定,并通知请求人和专利权人。宣告专利权无效的决定,由国务院专利行政部门登记和公告。对专利复审委员会宣告专利权无效或者维持专利权的决定不服的,可以自收到通知之日起3个月内向人民法院起诉。人民法院应当通知无效宣告请求程序的对方当事人作为第三人参加诉讼。

宣告专利权无效的决定,对在宣告专利权无效前人民法院作出并已执行的专利侵权的判决、调解书,已经履行或者强制执行的专利侵权纠纷处理决定,以及已经履行的专利实施许可合同和专利权转让合同,不具有追溯力。但是因专利权人的恶意给他人造成的损失,应当给予赔偿。不返还专利侵权赔偿金、专利使用费、专利权转让费,明显违反公平原则的,应当全部或者部分返还。

六、专利权的保护

(一)专利权的保护范围

发明或者实用新型专利权的保护范围以其权利要求的内容为准,说明书及附图可以用于解释权利要求的内容。外观设计专利权的保护范围以表示在图片或者照片中的该产品的外观设计为准,简要说明可以用于解释图片或者照片所表示的该产品的外观设计。

（二）专利侵权

1.专利侵权的构成要件

（1）有效专利的存在。专利侵权行为所涉及的对象是合法有效的中国专利，这是认定专利侵权的前提。

（2）实施了专利侵权行为。未经专利权人许可，实施其专利，即侵犯其专利权，这是认定专利侵权的客观要件。专利侵权行为主要有未经专利权人许可，擅自实施他人专利、假冒他人专利等行为。

（3）主观上有过错。行为人在实施侵犯专利权的行为时，主观上有过错。过错包括故意与过失。

（4）以生产经营为目的。侵犯专利权必须以生产经营为目的，非经营性的使用专利，不视为侵犯专利权的行为。如为科学研究和实验而使用有关专利技术或者个人出自爱好或者自用等制造、使用专利产品或者使用专利方法的行为，不构成专利侵权行为。

2.不视为侵犯专利权的情形

有下列情形之一的，不视为侵犯专利权：①专利产品或者依照专利方法直接获得的产品，由专利权人或者经其许可的单位、个人售出后，使用、许诺销售、销售、进口该产品的；②在专利申请日前已经制造相同产品、使用相同方法或者已经做好制造、使用的必要准备，并且仅在原有范围内继续制造、使用的；③临时通过中国领陆、领水、领空的外国运输工具，依照其所属国同中国签订的协议或者共同参加的国际条约，或者依照互惠原则，为运输工具自身需要而在其装置和设备中使用有关专利的；④专为科学研究和实验而使用有关专利的；⑤为提供行政审批所需要的信息，制造、使用、进口专利药品或者专利医疗器械的，以及专门为其制造、进口专利药品或者专利医疗器械的。

3.专利侵权纠纷的解决机制

（1）协商与诉讼。专利侵权纠纷由当事人协商解决；不愿协商或者协商不成的，专利权人或者利害关系人可以向人民法院起诉。侵犯专利权的诉讼时效为2年，自专利权人或者利害关系人得知或者应当得知侵权行为之日起计算。为了制止侵犯权利行为，专利权人或者利害关系人可以在起诉前依法向人民法院申请行为保全与证据保全。

（2）专利管理部门处理。专利侵权纠纷也可以请求管理专利工作的部门处理。管理专利工作的部门认定侵权行为成立的，可以责令侵权人立即停止侵权行为,当事人不服的,可以自收到处理通知之日起 15 日内向人民法院起诉;侵权人期满不起诉又不停止侵权行为的,管理专利工作的部门可以申请人民法院强制执行。进行处理的管理专利工作的部门应当事人的请求,可以就侵犯专利权的赔偿数额进行调解;调解不成的,当事人可以向人民法院起诉。

4. 专利侵权的法律责任

(1)民事责任。行为人侵犯专利权承担的民事责任主要有停止侵害、消除影响、赔偿损失等。侵犯专利权的赔偿数额按照权利人因被侵权所受到的实际损失确定;实际损失难以确定的,可以按照侵权人因侵权所获得的利益确定。权利人的损失或者侵权人获得的利益难以确定的,参照该专利许可使用费的倍数合理确定。赔偿数额还应当包括权利人为制止侵权行为所支付的合理开支。上述方法均难以确定侵犯专利权应承担的赔偿数额的,人民法院可以根据专利权的类型、侵权行为的性质和情节等因素,确定给予 1 万元以上 100 万元以下的赔偿。但是为生产经营目的使用、许诺销售或者销售不知道是未经专利权人许可而制造并售出的专利侵权产品,能证明该产品合法来源的,不承担赔偿责任。

(2)行政责任。管理专利工作的部门认定侵犯专利权的行为成立的,可以依法责令侵权人立即停止侵权行为,责令改正并予公告,没收违法所得,可以并处罚款。

(3)刑事责任。假冒他人专利,情节严重的,处 3 年以下有期徒刑或者拘役,并处或者单处罚金。

第四节 商标法

一、商标概述

(一)商标的概念

商标作为一种商业标志,是指用以将不同的经营者所提供的商品或者服务区别开来的显著标志。任何能够将使用人的商品或者服务与他人的商品或者服务区别开来的标志,包括文字、图形、字母、数字、三维标志、颜色和声音等要素的组合,均可以作为商标。作为商品或者服务的标记,商标具有标示来源、保证品质、广告宣传、彰显个性的多重功能。

（二）商标的特征

（1）合法性。商标的组合要素、取得、使用应该符合法律的规定，不违反公序良俗，不得与他人在先取得的合法权利相冲突，不得具有欺骗性与误导性。

（2）可感知性。商标是文字、图形、字母、数字、三维标志、颜色和声音等各类要素的组合，能够为人的视觉、听觉等所感知，并进而区分不同的商品或者服务。

（3）显著性。显著性是商标的本质属性与最基本的功能。作为商品或者服务的标记，商标应该具有显著的识别性与区别性，便于识别，以区分不同的商品或者服务，禁止混淆与雷同。识别性是指商标能够标示商品或者服务的来源，区别性是指商标能够区分不同的商品或者服务。

（4）独占性。商标注册人享有商标专用权，受法律保护。未经注册商标人许可，擅自使用者构成侵犯商标注册人的商标专用权。

（5）竞争性与财产性。商标是市场主体参与市场竞争的工具。同类产品或者服务，因商标不同，市场竞争力也不同。商标的知名度越高，其提供的产品或者服务越有竞争力，越有价值。商标作为一种智力成果，虽然是无形财产，但是其价值可以通过评估确定，并可以依法有偿转让或者许可他人使用。

二、商标权的主体、客体与内容

（一）商标权的主体

商标权的主体又称商标权人，是指依法享有商标权并应承担相应义务的自然人、法人和其他组织。依据商标权的取得方式不同，商标权主体分为原始主体和继受主体。

1. 原始主体

商标权的原始主体是指商标注册人。商标注册人享有商标专用权。自然人、法人或者其他组织在生产经营活动中，对其商品或者服务需要取得商标专用权的，应当向商标局申请商标注册。两个以上的自然人、法人或者其他组织可以共同向商标局申请注册同一商标，共同享有和行使该商标专用权。

2. 继受主体

商标权的继受主体是指依法通过注册商标的转让或者继承等民事法律行为取得商标权的主体。商标权的继受主体是从商标注册人处依法受让商标权的自然人、法人或者其他组织,可以行使商标权。

(二)商标权的客体

商标权的客体是指商标法调整与保护的具体对象,即商标。作为商标权客体的商标,应该符合下列条件:

1. 法定构成要素

任何能够将自然人、法人或者其他组织的商品与他人的商品区别开来的标志,包括文字、图形、字母、数字、三维标志、颜色组合和声音等,以及上述要素的组合,均可以作为商标申请注册。但依据《商标法》的规定,下列标志不得作为商标使用:①同中华人民共和国的国家名称、国旗、国徽、国歌、军旗、军徽、军歌、勋章等相同或者近似的,以及同中央国家机关的名称、标志、所在地特定地点的名称或者标志性建筑物的名称、图形相同的;②同外国的国家名称、国旗、国徽、军旗等相同或者近似的,但经该国政府同意的除外;③同政府间国际组织的名称、旗帜、徽记等相同或者近似的,但经该组织同意或者不易误导公众的除外;④与表明实施控制、予以保证的官方标志、检验印记相同或者近似的,但经授权的除外;⑤同"红十字""红新月"的名称、标志相同或者近似;⑥带有民族歧视性;⑦带有欺骗性,容易使公众对商品的质量等特点或者产地产生误认;⑧有害于社会主义道德风尚或者有其他不良影响。县级以上行政区划的地名或者公众知晓的外国地名,不得作为商标。但是,地名具有其他含义或者作为集体商标、证明商标组成部分的除外;已经注册的使用地名的商标继续有效。①

2. 具备显著性

申请注册的商标应当具有显著性,便于识别,不得与他人的商标雷同或者混淆。因此,下列标志不得作为商标注册:①仅有本商品的通用名称、图形、型号的;②仅直接表示商品的质量、主要原料、功能、用途、重量、数量及其他特点的;③其他缺乏显著特征的。前述所列标志经过使用取得显著特征,并便于识别的,可以作为商标注册。以三维标志申请注

---

① 洪宇. 经济法 [M]. 上海:立信会计出版社,2018.

册商标的,仅由商品自身的性质产生的形状、为获得技术效果而需有的商品形状或者使商品具有实质性价值的形状,不得注册。

3. 在商品或者服务上使用

商标为商品或者服务的标记,其与商品或者服务不可分割,脱离商品或者服务的标记必然不能成为商标权的客体。

4. 不得与在先权利冲突

商标权容易与外观设计专利权、著作权、企业名称权、知名商品特有的名称权等发生冲突。为了协调商标权与他人在先权利的冲突,申请注册的商标不得与他人在先取得的合法权利相冲突,不得以不正当手段抢先注册他人已经使用并有一定影响的商标。

（三）商标权的内容

1. 商标权人的权利

（1）专用权。专用权就是商标权人的独占使用权。这是商标权的核心权利。商标注册人享有商标专用权,受法律保护。但是,注册商标的专用权以核准注册的商标和核定使用的商品为限。未注册商标的专用权予以有条件的适度保护。

（2）禁止权。即未经商标权人许可,商标权人有权依法禁止他人在同一种或者类似的商品或者服务项目上使用与其注册商标相同或者近似的商标。禁止权与专有使用权共同构成商标权的两面。

（3）转让权。商标权人依法将其商标移转给他人的权利。转让注册商标的,转让人和受让人应当签订转让协议,并共同向商标局提出申请。转让注册商标的,商标注册人对其在同一种商品上注册的近似的商标,或者在类似商品上注册的相同或者近似的商标,应当一并转让。未一并转让的,由商标局通知其限期改正;期满不改正的,视为放弃转让该注册商标的申请,商标局应当书面通知申请人。对容易导致混淆或者有其他不良影响的转让,商标局不予核准,书面通知申请人并说明理由。转让注册商标经核准后,予以公告。受让人自公告之日起享有商标专用权。受让人应当保证使用该注册商标的商品质量。

（4）许可使用权。许可权是指商标注册人通过签订商标许可使用合同的方式,许可他人使用其注册商标的权利。商标注册人为许可人,使用人为被许可人。许可人应当监督被许可人使用其注册商标的商品质量,应当将其商标使用许可报商标局备案,由商标局公告。商标使用许可未经备案不得对抗善意第三人。被许可人必须在使用该注册商标的商品上标明被许可人的名称和商品产地,应当保证使用该注册商标的商品质量。

（5）续展权。注册商标的有效期为自核准注册之日起10年。注册商标有效期满,需要继续使用的,商标注册人应当在期满前12个月内依法办理续展手续;在此期间未能办理的,可以给予6个月的宽展期。商标局应当公告续展注册的商标。每次续展注册的有效期为10年,自该商标上一届有效期满次日起计算。期满未办理续展手续的,注销其注册商标。

（6）其他权利。商标权人享有放弃权、投资权或者质押等权利,其继承人有继承权。

2. 商标权人的义务

（1）依法使用的义务。商标权人在核定的商品或服务上或者其他商业活动中依法使用该注册商标。《商标法》所称商标的使用,是指将商标用于商品、商品包装或者容器以及商品交易文书上,或者将商标用于广告宣传、展览以及其他商业活动中,用于识别商品来源的行为。在使用注册商标时,商标权人不得擅自改变注册商标的方案、图形或者其组合,也不得改变注册人的名义、地址或者其他事项。确有变更的必要,必须依法进行。

（2）依法转让与许可义务。在注册商标的转让与许可过程中,当事人依商标法的规定履行法定的程序。

（3）保证质量。商标使用人应当保证使用该注册商标的商品或者服务的质量。

（4）缴纳费用。申请商标注册和办理其他商标事宜的,应当缴纳费用。

三、商标注册

（一）商标注册的程序

1. 商标注册的申请

（1）申请人。商标注册申请人申请商标注册或者办理其他商标事宜,可以自行办理,也可以委托依法设立的商标代理机构办理。但外国人或者外国企业在中国申请商标注册和办理其他商标事宜的,必须委托依法设立的商标代理机构办理。商标代理机构应当遵循诚实信用原则,履行代理义务。注册商标需要改变其标志的,应当重新提出注册申请。必要时,申请人在申请前可以先查询商标。

（2）申请材料。申请商标注册所需材料包括商标注册申请书、商标图样和有关证明文件，确保真实、准确、完整。商标注册申请书及有关文件可以以书面方式或者数据电文方式提出。当事人以数据电文方式提交的文件日期，以进入商标局或者商标评审委员会电子系统的日期为准。

2. 商标注册的审查

（1）形式审查。商标注册的形式审查又称为书式审查，即审查申请人送交的申请材料的内容记载是否齐全以及形式是否合法等。商标局认为商标注册申请内容需要说明或者修正的，可以要求申请人做出说明或者修正。申请人未做出说明或者修正的，予以退回，不影响商标局作出审查决定。

（2）实质审查。商标注册的实质审查，即审查商标是否具备注册条件。实质审查围绕商标的禁用条款、构成要素、显著特征、雷同或者混淆等进行，是决定申请注册的商标能否予以初步审定并公告的关键程序。

（3）公告。对申请注册的商标，商标局委派的审查员应当自收到商标注册申请文件之日起9个月内依法审查完毕，符合规定的，予以初步审定公告。

（4）异议。经过实质审查，对符合规定的商标予以初步审定和公告。自公告之日起3个月内，在先权利人、利害关系人可以依法向商标局提出异议反对注册。商标局应当听取异议人和被异议人陈述事实和理由，调查核实后，自公告期满之日起12个月内做出是否准予注册的决定，并书面通知异议人和被异议人。有特殊情况需要延长的，经国务院工商行政管理部门批准，可以延长6个月。商标局做出准予注册决定的，发给商标注册证，并予公告。异议人不服的，可以依法向商标评审委员会请求宣告该注册商标无效。

（5）复审。对商标局的驳回申请、不予公告、异议、不予注册、商标撤销、无效宣告等决定不服时，自收到通知之日起15日内向商标评审委员会申请复审商标争议事项，商标评审委员会在法定期限内作出肯定或者否定的复审决定。此复审决定为行政终局决定。当事人不服的，可以自收到商标评审委员会的通知之日起30日内向人民法院起诉。人民法院应当通知异议人作为第三人参加诉讼。

3. 商标注册的核准

经商标局初步审定的公告期满，没有利害关系人提出异议或者异议不成立，当事人又不提出复审，或者复审未成功，商标局对申请注册的商标予以注册。申请注册的商标经商标局核准,将商标登记于商标注册簿,颁发商标注册证,在《商标公告》上公告。

（二）注册商标的无效与撤销

1. 注册商标的无效

注册商标的无效是指商标不具备注册条件而取得注册,商标管理机关依法宣告商标自始即不存在的事后矫正制度。注册商标无效的情形如下:

（1）注册商标的绝对无效。已经注册的商标,违反《商标法》的禁止性规定、以欺骗手段或者其他不正当手段取得注册的,商标局依据其他单位或者个人的请求或者依职权宣告该注册商标无效,并予以公告。该注册商标专用权视为自始即不存在。

（2）注册商标的相对无效。因侵犯他人在先权利或者其他合法权益等情形,自商标注册之日起 5 年内,在先权利人或者利害关系人可以请求商标评审委员会宣告该注册商标无效。对恶意注册的,驰名商标所有人不受 5 年的时间限制。当事人对商标评审委员会的裁定不服的,可以自收到通知之日起 30 日内向人民法院起诉。人民法院应当通知商标裁定程序的对方当事人作为第三人参加诉讼。

2. 注册商标的撤销

注册商标的撤销是指国家商标管理机关依据法定的事由与程序强制取消已经注册的商标。被撤销的注册商标由商标局予以公告,该注册商标专用权自公告之日起终止。注册商标被撤销后,注册商标人即丧失商标权。撤销注册商标的情形与程序如下:

（1）自行改变商标注册事项。商标注册人在使用注册商标的过程中,自行改变注册商标、注册人名义、地址或者其他注册事项的,由地方工商行政管理部门责令限期改正:期满不改正的,由商标局撤销其注册商标。

（2）丧失显著性特征或者不使用。注册商标成为其核定使用的商品的通用名称或者没有正当理由连续 3 年不使用的,任何单位或者个人可以向商标局申请撤销该注册商标。但是防御商标和联合商标不受此限。商标局应当自收到申请之日起 9 个月内做出决定。有特殊情况需要延长的,经国务院工商行政管理部门批准,可以延长 3 个月。当事人不服商标局撤销或者不予撤销注册商标的决定的,可以自收到通知之日起 15 日内向商标评审委员会申请复审。商标评审委员会应当自收到申请之日起 9

个月内做出决定,并书面通知当事人。有特殊情况需要延长的,经国务院工商行政管理部门批准,可以延长 3 个月。当事人对商标评审委员会的决定不服的,可以自收到通知之日起 30 日内向人民法院起诉。法定期限届满,当事人对商标局做出的撤销注册商标的决定不申请复审或者对商标评审委员会做出的复审决定不向人民法院起诉的,撤销注册商标的决定、复审决定生效。

四、商标的保护

(一)注册商标专用权的保护

1. 注册商标专用权的保护范围

注册商标的专用权是一种有限制性的权利,以核准注册的商标和核定使用的商品或者服务为限。

2. 侵犯注册商标专用权的行为

有下列行为之一的,均属侵犯注册商标专用权:①未经商标注册人的许可,在同一种商品上使用与其注册商标相同的商标的;②未经商标注册人的许可,在同一种商品上使用与其注册商标近似的商标,或者在类似商品上使用与其注册商标相同或者近似的商标,容易导致混淆的;③销售侵犯注册商标专用权的商品的;④伪造、擅自制造他人注册商标标识或者销售伪造、擅自制造的注册商标标识的;⑤未经商标注册人同意,更换其注册商标并将该更换商标的商品又投入市场的;⑥故意为侵犯他人商标专用权行为提供便利条件,帮助他人实施侵犯商标专用权行为的;⑦给他人的注册商标专用权造成其他损害的。①

3. 侵犯注册商标专用权纠纷的解决机制

因侵犯注册商标专用权的行为引起纠纷的,当事人协商解决;不愿协商或者协商不成的,商标注册人或者利害关系人可以向人民法院起诉,也可以请求工商行政管理部门处理;涉嫌犯罪的,应当及时移送司法机关依法处理。商标注册人或者利害关系人可以在诉讼前,依法申请人民法院采取行为保全、财产保全与证据保全等措施。对侵犯商标专用权的赔偿数额的争议,当事人可以请求进行处理的工商行政管理部门调解,也可以向人民法院起诉:经工商行政管理部门调解,当事人未达成协议或

① 洪宇.经济法[M].上海:立信会计出版社,2018.

者调解书生效后不履行的,当事人可以向人民法院起诉。

4. 侵犯注册商标专用权的法律责任

(1)民事责任。侵犯注册商标专用权承担的民事责任包括停止侵权、消除影响、赔偿损失等。但销售不知道是侵犯注册商标专用权的商品,能证明该商品是自己合法取得并说明提供者的,不承担赔偿责任。侵犯商标专用权的赔偿数额,按照权利人因被侵权所受到的实际损失确定;实际损失难以确定的,可以按照侵权人因侵权所获得的利益确定;权利人的损失或者侵权人获得的利益难以确定的,参照该商标许可使用费的倍数合理确定。对恶意侵犯商标专用权,情节严重的,可以在按照上述方法确定数额的 1 倍以上 3 倍以下确定赔偿数额。赔偿数额应当包括权利人为制止侵权行为所支付的合理开支。人民法院为确定赔偿数额,在权利人已经尽力举证,而与侵权行为相关的账簿、资料主要由侵权人掌握的情况下,可以责令侵权人提供与侵权行为相关的账簿、资料;侵权人不提供或者提供虚假的账簿、资料的,人民法院可以参考权利人的主张和提供的证据判定赔偿数额。权利人因被侵权所受到的实际损失、侵权人因侵权所获得的利益、注册商标许可使用费难以确定的,由人民法院根据侵权行为的情节判决给予 300 万元以下的赔偿。

(2)行政责任。工商行政管理部门责令立即停止侵权行为,没收、销毁侵权商品和主要用于制造侵权商品、伪造注册商标标识的工具,违法经营额 5 万元以上的,可以处违法经营额 5 倍以下的罚款,没有违法经营额或者违法经营额不足 5 万元的,可以处 25 万元以下的罚款。对 5 年内实施两次以上商标侵权行为或者有其他严重情节的,应当从重处罚。销售不知道是侵犯注册商标专用权的商品,能证明该商品是自己合法取得并说明提供者的,由工商行政管理部门责令停止销售。

(3)刑事责任。侵犯注册商标专用权,构成犯罪的,除赔偿被侵权人的损失外,依法追究刑事责任。侵犯商标专用权涉嫌的罪名主要有:①假冒注册商标罪,即未经注册商标所有人许可,在同一种商品上使用与其注册商标相同的商标,情节严重的,处 3 年以下有期徒刑或者拘役,并处或者单处罚金;情节特别严重的,处 3 年以上 7 年以下有期徒刑,并处罚金;②销售假冒注册商标的商品罪,即销售明知是假冒注册商标的商品,销售金额数额较大的,处 3 年以下有期徒刑或者拘役,并处或者单处罚金;销售金额数额巨大的,处 3 年以上 7 年以下有期徒刑,并处罚金;③非法制造、销售非法制造的注册商标标识罪,即伪造、擅自制造他人注册商标标识或者销售伪造、擅自制造的注册商标标识,情节严重的,处 3 年以下有期徒刑、拘役或者管制,并处或者单处罚金;情节特别严重的,处3年以上7年以下有期徒刑,并处罚金。

（二）驰名商标的保护

1.驰名商标的认定

认定驰名商标应当考虑下列因素:①相关公众对该商标的知晓程度;②该商标使用的持续时间;③该商标的任何宣传工作的持续时间、程度和地理范围;④该商标作为驰名商标受保护的记录;⑤该商标驰名的其他因素。

2.驰名商标的保护方法

（1）不予注册。就相同或者类似商品申请注册的商标是复制、摹仿或者翻译他人未在中国注册的驰名商标,容易导致混淆的,不予注册并禁止使用。就不相同或者不相类似商品申请注册的商标是复制、摹仿或者翻译他人已经在中国注册的驰名商标,误导公众,致使该驰名商标注册人的利益可能受到损害的,不予注册并禁止使用。

（2）宣告无效。对恶意注册的,驰名商标所有人可以请求商标评审委员会宣告该注册商标无效。

（3）禁止用作字号。将他人注册商标、未注册的驰名商标作为企业名称中的字号使用,误导公众,构成不正当竞争行为的,依照《中华人民共和国反不正当竞争法》(以下简称《反不正当竞争法》)处理。

（4）禁止用于商业活动。生产、经营者不得将"驰名商标"字样用于商品、商品包装或者容器上,或者用于广告宣传、展览以及其他商业活动中。

（5）禁止注册域名。为商业目的将他人驰名商标注册为域名,且域名或者其主要部分构成对驰名商标的复制、模仿、翻译或者音译等相同或者近似,足以造成相关公众的误认的行为构成侵权或者不正当竞争。

第四章　现代化经济体系建设中的市场规则法律制度

第一节　食品安全法与产品质量法

一、食品安全法

（一）食品安全法的概念

食品安全法是指调整食品安全关系的法律规范的总称。食品安全法律规范可以有形式意义和实质意义之分。从实质意义上来讲，食品安全法包括与食品安全相关的所有法律规范的综合，是以保障食品安全、保护个人生命健康为目的的法律规范和法律原则的总称。现阶段，我国主要包括《中华人民共和国食品安全法》《中华人民共和国产品质量法》《中华人民共和国农产品质量安全法》《中华人民共和国渔业法》《中华人民共和国计量法》《中华人民共和国标准化法》《中华人民共和国进出口商品检验法》《中华人民共和国突发事件应对法》等及大量食品安全管理条例、规章制度、地方法规等在内的食品安全法律体系中。从形式意义上来讲，食品安全法专指以法典形式表达的《中华人民共和国食品安全法》。

食品安全包括食品数量上的安全和食品质量上的安全等。这里的食品安全主要是指食品的质量安全，食品安全法所调整的也主要是食品质量安全领域的法律关系。因此，食品安全关系主要包括以下两个方面：一是食品安全监督管理关系，这一关系是发生在行政机关履行食品安全监督管理职能过程中与生产经营者之间的关系，是管理、监督与被管理、被监督的关系；二是食品安全责任关系，这一关系是发生在食品生产经营者和消费者及相关第三人之间、因食品安全问题引发的损害赔偿责任关系,是一种在商品交易关系中发生的平等主体间的经济关系。因此,食品安全关系既非平等主体之间、以意思自治为主要特征的契约关系,也非带有强制和服从色彩的行政隶属关系,是国家对市场中食品生产、加工、流通和消费过程的调节控制而产生的一种经济法律关系。

食品安全法作为一个新的部门法,就其解决的问题来看,它的内容应该是动态的,应该是一部包含全部食品安全问题的综合性法律;从其性质来看,它属于经济法下的一个重要分支,在我国经济法律体系中占有重要地位。社会本位是经济法的首要特征,维护经济活动中社会公共利益是其根本目的。食品安全法以维护广大消费者的合法权益为主要目标,鼓励食品的生产者和经营者采取保障食品安全的有效措施,并对于那些没有达到国家法律要求的违法违规的食品生产经营行为予以必要的行政处分和行政制裁。食品安全法的最终目的是为了保障公众的生命安全、人身健康和财产安全,维护食品生产经营活动的正常秩序,进而促进社会的稳定发展和人类的和谐相处。

(二)食品安全法的立法宗旨

我国《食品安全法》第一条明确指出其立法宗旨为"为了保证食品安全,保障公众身体健康和生命安全"。随着我国社会生活及经济水平的快速发展,人们对食品消费质量的要求不断提高,我国已从长期食品短缺向食物相对剩余转变,从温饱型社会向享受型社会转变。同时,人们也越来越多地认识到,食品安全是人类生存和发展的基础,食品安全关系着每一个人的健康和生命。食品安全问题是关系社会民生、国家经济健康发展和社会和谐稳定的重大社会问题。近些年来,国家虽然不断加大食品安全监管力度,但食品安全事件依然屡屡发生,不断引发社会公众对食品安全的恐慌,这对国家和社会的稳定以及经济的良性发展产生了一定的冲击。因此,保障公众的身体健康和生命安全理应成为食品安全法最核心的价值理念。

保障公众的身体健康和生命安全的立法宗旨,在我国《消费者权益保护法》中就有所体现。该法第二章和第三章分别规定了消费者在购买食品时所享有的权利以及生产者、经营者负有的相应的保障食品安全的义务。《中华人民共和国食品安全法》和《中华人民共和国消费者权益保护法》的有机衔接明确了国家、食品相关企业和消费者之间的权利义务关系,更好地达到了保障公众身体健康和生命安全的目的。应将保障公众的身体健康、生命安全置于获取安全食品权利的首要位置。所有关于食品安全的法律法规,都应被视为是保障公众身体健康、生命安全并为之实现所提供的各种手段和方法。

我国《食品安全法》围绕保障"食品安全"进行制度设计,其主要内容表现在五个方面(图 4-1)。

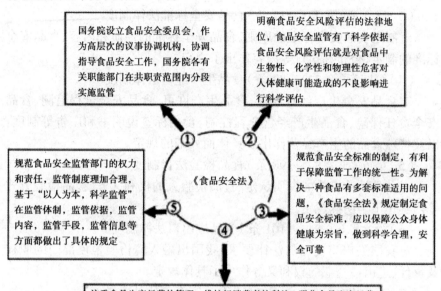

国务院设立食品安全委员会,作为高层次的议事协调机构,协调、指导食品安全工作,国务院各有关职能部门在共职责范围内分段实施监管

明确食品安全风险评估的法律地位,食品安全监管有了科学依据,食品安全风险评估就是对食品中生物性、化学性和物理性危害对人体健康可能造成的不良影响进行科学评估

规范食品安全监管部门的权力和责任,监管制度理加合理,基于"以人为本,科学监管"在监管体制,监管依据,监管内容,监管手段,监管信息等方面都做出了具体的规定

《食品安全法》

规范食品安全标准的制定,有利于保障监管工作的统一性。为解决一种食品有多套标准适用的问题,《食品安全法》规定制定食品安全标准,应以保障公众身体健康为宗旨,做到科学合理,安全可靠

注重食品生产经营的管理,维护好消费者的利益,强化食品生产经营者作为食品安全第一责任人制度,要求食品生产经营者建立健全本单位的食品安全管理制度,加强对职工安全知识培训,配备专职或兼职食品安全管理人员,做好对所生产经营食品的检验检测工作,依法从事食品生产经营活动

图 4-1 《食品安全法》的主要内容

我国《食品安全法》的颁布实施,对于规范食品生产经营活动,防范食品安全事故发生,增强食品安全工作的规范性、科学性及有效性,提高我国食品安全整体水平,具有十分重要的意义。

(三)食品安全法的体系和基本内容

我国《食品安全法》在体系上分为十章,共一百五十四条。

(1)第一章(第 1 ~ 13 条)总则

规定了食品安全法的立法目的、调整范围和基本原则,规范了食品生产者的责任,确定了食品安全监管体系,明确了包括中央政府各部门及县级以上地方人民政府及其相关部门的监管职权和责任,以及食品行业协会、各人民团体、基层群众性自治组织、新闻媒体和社会公众的监督权利。

（2）第二章（第 14 ~ 23 条）食品安全风险监测和评估法律制度

确定了食品安全风险监测和评估的基本内容,对食品安全风险监测计划及风险评估的具体实施、风险评估结果的作用,以及风险警示的提出作了明确和具体的规定。

（3）第 3 章（第 24 ~ 32 条）食品安全标准法律制度

对制定食品安全标准的原则、食品安全标准的性质和内容、食品安全标准的制定、公布和执行等内容作出了规定。

（4）第四章（第 33 ~ 83 条）食品生产经营法律制度

对食品安全生产经营要求、食品生产许可、食品安全全程追溯、食品安全责任保险、食品生产经营全程控制、食品标签说明书和广告等制度,以及特殊食品的生产经营作出了具体而详细的规定。

（5）第五章（第 84 ~ 90 条）食品检验法律制度

对食品检验机构的资质认定、食品检验人的权利义务、食品检验方式等内容作出了明确规定。

（6）第六章（第 91 ~ 101 条）食品进出口法律制度

对我国进出口食品的法律要求、我国出融入境检验检疫部门的职权及责任、进出口企业的权利义务作出了具体规定。

（7）第七章（第 102 ~ 108 条）食品安全事故处置制度

明确规定了制定食品安全事故应急预案、食品安全事故报告制度、食品安全事故处置措施、食品安全事故责任调查及事故调查要求、疾病预防控制机构的责任。

（8）第八章（第 109 ~ 121 条）监督管理

规定了食品安全监督管理计划的制定、监管部门进行监督检查的要求、有权采取的措施执法人员的培训,以及食品生产经营者信用档案管理、食品安全信息公开制度。

（9）第九章（第 122 ~ 149 条）法律责任

明确规定了各种违反《食品安全法》的责任,主要包括食品生产经营者、食品检验机构、政府及监管部门的违法责任。

（10）第十章（第 150 ~ 154 条）附则

主要对《食品安全法》的用语进行了解释,对特殊食品的管理、国务院对食品安全监督管理体制的调整权、施行时间等作了明确规定。

二、产品质量法

（一）产品质量法概述

1.产品与产品质量

产品，是指经过人类劳动，能够被人们使用和消费，并能满足人们某种需求的物品。《产品质量法》规定，产品是指经过加工、制作，用于销售的产品。

产品质量，是指产品符合人们需要的内在素质与外观形态的各种特征的综合状态。具体包括产品的功能性安全性、可靠性、经济性和可维修性等内容。

2.产品质量法

产品质量法，是调整因产品质量而产生的社会关系的法律规范的总称。《中华人民共和国产品质量法》（以下简称《产品质量法》），于1993年2月制定，2000年7月第一次修正，2009年8月27日第十一届全国人民代表大会常务委员会第十次会议《关于修改部分法律的决定》第二次修正。《产品质量法》的制定与修改的立法原则是加强对产品质量的监督管理，提高产品质量水平，明确产品质量责任，保护消费者的合法权益维护社会经济秩序。除《产品质量法》外，涉及产品质量的法律、法规还包括：《计量法》《标准化法》《质量认证管理条例》等。

3.产品质量法的调整范围

产品质量法中的产品是一个特定的概念，有特定的范围，它仅是指经过加工、制作，用于销售的产品。这里所称的产品有两个特点：一是经过加工制作，也就是将原材料、半成品经过加工、制作，改变形状、性质、状态，成为产成品，而未经加工的农产品、狩猎品等不在其列；二是用于出售，也就是进入市场用于交换的商品，不用于销售仅是自己为自己加工制作所用的物品不在其列。除了产品的这两个特点外，并不是经过加工、制作和用于销售的产品都由产品质量法调整，而是另有法律规定的则分别由有关法律进行调整，主要的有：食品卫生质量由食品卫生法进行调整，药品质量由药品管理法进行调整，建筑质量由建筑法进行调整，此外还有一些法律涉及特定产品的质量，则按有关法律的规定办理。

（二）生产者、销售者的产品质量责任和义务

1. 生产者的产品质量责任和义务

（1）产品本身的质量要求

生产者应当对其生产的产品质量负责，产品质量应当符合下列要求。

第一，不存在危及人身、财产安全的不合理的危险，有保障人体健康和人身、财产安全的国家标准、行业标准的，应当符合该标准。

第二，具备产品应当具备的使用性能，但是，对产品存在使用性能的瑕疵做出说明的除外。

第三，符合在产品或者其包装上注明采用的产品标准，符合以产品说明实物样品等方式表明的质量状况。

（2）产品或者其包装上的标识应当符合的要求

产品或者其包装上的标识必须真实，并符合下列要求。

第一，有产品质量检验合格证明。

第二，有中文标明的产品名称生产厂厂名和厂址。

第三，根据产品的特点和使用要求，需要标明产品规格、等级、所含主要成分的名称和含量的，用中文相应予以标明；需要事先让消费者知晓的，应当在外包装上标明，或者预先向消费者提供有关资料。

第四，限期使用的产品，应当在显著位置清晰地标明生产日期和安全使用期或者失效日期。

第五，使用不当，容易造成产品本身损坏或者可能危及人身、财产安全的产品，应当有警示标志或者中文警示说明。裸装的食品和其他根据产品的特点难以附加标识的裸装产品，可以不附加产品标识。

（3）特殊产品包装要求

易碎、易燃、易爆有毒、有腐蚀性、有放射性等危险物品以及储运中不能倒置和其他有特殊要求的产品，其包装质量必须符合相应要求，依照国家有关规定做出警示标志或者中文警示说明，标明储运注意事项。

（4）生产者禁止性行为

生产者不得生产国家明令淘汰的产品。生产者不得伪造产地，不得伪造或者冒用他人的厂名、厂址。生产者不得伪造或者冒用认证标志等质量标志。生产者生产产品，不得掺杂、掺假，不得以假充真、以次充好，不得以不合格产品冒充合格产品。

2. 销售者的产品质量责任和义务

（1）销售者的产品质量责任

第一，销售者应当建立并执行进货检查验收制度，验明产品合格证明和其他标识。

第二，销售者应当采取措施，保持销售产品的质量。

第三，销售者销售的产品的标识应当符合《产品质量法》第 27 条的规定。产品或者其包装上的标识必须真实，并符合下列要求：①有产品质量检验合格证明；②有中文标明的产品名称、生产厂厂名和厂址；③根据产品的特点和使用要求，需要标明产品规格等级、所含主要成分的名称和含量的，用中文相应予以标明；需要事先让消费者知晓的，应当在外包装上标明，或者预先向消费者提供有关资料；④限期使用的产品，应当在显著位置清晰地标明生产日期和安全使用期或者失效日期；⑤使用不当，容易造成产品本身损坏或者可能危及人身、财产安全的产品，应当有警示标志或者中文警示说明。裸装的食品和其他根据产品的特点难以附加标识的裸装产品，可以不附加产品标识。[①]

（2）销售者的禁止性义务

第一，销售者不得销售国家明令淘汰并停止销售的产品和失效、变质的产品。

第二，销售者不得伪造产地，不得伪造或者冒用他人的厂名、厂址。

第三，销售者不得伪造或者冒用认证标志等质量标志。

第四，销售者销售产品，不得掺杂、掺假，不得以假充真、以次充好，不得以不合格产品冒充合格产品。

（三）产品质量责任制度

产品质量责任制度是指生产者销售者以及对产品质量负有直接责任的责任者，因违反产品质量法所规定的产品质量义务所应承担法律责任的制度。

1. 民事责任

第一，售出的产品有下列情形之一的，销售者应当负责修理、更换、退货；给购买产品的消费者造成损失的，销售者应当赔偿损失：①不具备产品应当具备的使用性能而事先未做说明的；②不符合在产品或者其包装

---

① 许广义，郭靖超，董兴佩等 . 经济法 [M]. 哈尔滨：哈尔滨工程大学出版社，2018.

上注明采用的产品标准的;③不符合以产品说明、实物样品等方式表明的质量状况的。

销售者依照规定负责修理、更换、退货赔偿损失后,属于生产者的责任或者属于向销售者提供产品的其他销售者(以下简称供货者)的责任的,销售者有权向生产者、供货者追偿。销售者未按照规定给予修理、更换退货或者赔偿损失的,由产品质量监督部门或者工商行政管理部门责令改正。生产者之间,销售者之间,生产者与销售者之间订立的买卖合同、承揽合同有不同约定的,合同当事人按照合同约定执行。

第二,因产品存在缺陷造成人身、缺陷产品以外的其他财产(以下简称他人财产)损害的,生产者应当承担赔偿责任。生产者能够证明有下列情形之一的,不承担赔偿责任:①未将产品投入流通的;②产品投入流通时,引起损害的缺陷尚不存在的;③将产品投入流通时的科学技术水平尚不能发现缺陷的存在的。

第三,由于销售者的过错使产品存在缺陷,造成人身、他人财产损害的,销售者应当承担赔偿责任。销售者不能指明缺陷产品的生产者也不能指明缺陷产品的供货者的,销售者应当承担赔偿责任。

第四,因产品存在缺陷造成人身、他人财产损害的,受害人可以向产品的生产者要求赔偿,也可以向产品的销售者要求赔偿。属于产品的生产者的责任,产品的销售者赔偿的,产品的销售者有权向产品的生产者追偿。属于产品的销售者的责任,产品的生产者赔偿的,产品的生产者有权向产品的销售者追偿。

因产品存在缺陷造成受害人人身伤害的,侵害人应当赔偿医疗费、治疗期间的护理费、因误工减少的收入等费用;造成残疾的,还应当支付残疾者生活自助费、生活补助费、残疾赔偿金以及由其扶养的人所必需的生活费等费用;造成受害人死亡的,并应当支付丧葬费死亡赔偿金以及由死者生前扶养的人所必需的生活费等费用。

因产品存在缺陷造成受害人财产损失的,侵害人应当恢复原状或者折价赔偿。受害人因此遭受其他重大损失的,侵害人应当赔偿损失。

因产品存在缺陷造成损害要求赔偿的诉讼时效期间为2年,自当事人知道或者应当知道其权益受到损害时起计算。因产品存在缺陷造成损害要求赔偿的请求权,在造成损害的缺陷产品交付最初消费者满10年丧失;但是,尚未超过明示的安全使用期的除外。

2. 行政责任

第一,生产、销售不符合保障人体健康和人身、财产安全的国家标准、行业标准的产品的,责令停止生产、销售,没收违法生产、销售的产品,并处违法生产、销售产品(包括已售出和未售出的产品,下同)货值金额等值以上三倍以下的罚款;有违法所得的,并处没收违法所得;情节严重的,吊销营业执照。

第二,在产品中掺杂掺假,以假充真,以次充好,或者以不合格产品冒充合格产品的,责令停止生产、销售,没收违法生产、销售的产品,并处违法生产、销售产品货值金额百分之五十以上三倍以下的罚款;有违法所得的,并处没收违法所得;情节严重的,吊销营业执照。

第三,生产国家明令淘汰的产品的,销售国家明令淘汰并停止销售的产品的,责令停止生产、销售,没收违法生产,销售的产品,并处违法生产销售产品货值金额等值以下的罚款;有违法所得的,并处没收违法所得;情节严重的,吊销营业执照。

第四,销售失效、变质的产品的,责令停止销售,没收违法销售的产品,并处违法销售产品货值金额两倍以下的罚款;有违法所得的,并处没收违法所得;情节严重的,吊销营业执照。

第五,伪造产品产地的,伪造或者冒用他人厂名、厂址的,伪造或者冒用认证标志等质量标志的,责令改正,没收违法生产、销售的产品,并处违法生产、销售产品货值金额等值以下的罚款;有违法所得的,并处没收违法所得;情节严重的,吊销营业执照。

第六,拒绝接受依法进行的产品质量监督检查的,给予警告,责令改正;拒不改正的,责令停业整顿;情节特别严重的,吊销营业执照。

第七,产品质量检验机构、认证机构伪造检验结果或者出具虚假证明的,责令改正,对单位处 5 万元以上 10 万元以下的罚款,对直接负责的主管人员和其他直接责任人员处 1 万元以上 5 万元以下的罚款;有违法所得的,并处没收违法所得;情节严重的,取消其检验资格、认证资格。产品质量检验机构、认证机构出具的检验结果或者证明不实,造成损失的,应当承担相应的赔偿责任;造成重大损失的,撤销其检验资格、认证资格。

第八,社会团体、社会中介机构对产品质量做出承诺、保证,而该产品又不符合其承诺、保证的质量要求,给消费者造成损失的,与产品的生产者、销售者承担连带责任。

第九,在广告中对产品质量做虚假宣传,欺骗和误导消费者的,依照《中华人民共和国广告法》的规定追究法律责任。

第十,各级人民政府工作人员和其他国家机关工作人员有下列情形之一的,依法给予行政处分:①包庇、放纵产品生产、销售中违反《产品质量法》规定行为的;②向从事违反《产品质量法》规定的生产、销售活动的当事人通风报信,帮助其逃避查处的;③阻挠、干预产品质量监督部门或者工商行政管理部门依法对产品生产、销售中违反《产品质量法》规定的行为进行查处,造成严重后果的。

第十一,产品质量监督部门或者工商行政管理部门的工作人员滥用职权、玩忽职守、徇私舞弊,尚不构成犯罪的,依法给予行政处分。

3. 刑事责任

第一,生产、销售不符合保障人体健康和人身、财产安全的国家标准、行业标准的产品,构成犯罪的,依法追究刑事责任。

第二,在产品中掺杂掺假,以假充真,以次充好,或者以不合格产品冒充合格产品,构成犯罪的,依法追究刑事责任。

第三,产品质量检验机构、认证机构伪造检验结果或者出具虚假证明,构成犯罪的,依法追究刑事责任。

第四,知道或者应当知道属于《产品质量法》规定禁止生产、销售的产品而为其提供运输、保管、仓储等便利条件,或者为以假充真的产品提供制假生产技术,构成犯罪的,依法追究刑事责任。

第五,各级人民政府工作人员和其他国家机关工作人员有下列情形之一,构成犯罪的,依法追究刑事责任:①包庇、放纵产品生产、销售中违反《产品质量法》规定行为的;②向从事违反《产品质量法》规定的生产、销售活动的当事人通风报信,帮助其逃避查处的;③阻挠、干预产品质量监督部门或者市场监督管理部门依法对产品生产、销售中违反《产品质量法》规定的行为进行查处,造成严重后果的。

第六,以暴力、威胁方法阻碍产品质量监督部门或者市场监督管理部门的工作人员依法执行职务的,依法追究刑事责任。

第二节　消费者权益保护法

一、消费者权益保护法概述

(一)消费者的概念

消费者是指为生活消费需要而购买、使用商品或者接受服务的人。消费者具有以下法律特征:①消费者的消费在性质上属于生活消费;②

消费者消费的客体是商品和服务；③消费者的消费方式包括购买、使用商品和接受服务；④消费者是指个人。

（二）消费者权益保护法的适用范围

消费者权益保护法的适用范围是：①消费者为生活消费需要购买、使用商品或者接受服务，其权益受该法保护；②经营者为消费者提供其生产、销售的商品或者提供服务，应当遵守该法；③农民购买、使用直接用于农业生产的生产资料，参照消费者权益保护法执行。

二、消费者的权利

消费者的权利是指法律所规定的、消费者在消费领域中所享有的权利。

（一）安全保障权

安全保障权是消费者最重要、最基本的权利。安全保障权是指消费者购买、使用商品和接受服务时，享有人身、财产安全不受损害的权利。由于消费者取得产品和服务是用于生活消费，所以产品和服务必须绝对安全、可靠，必须绝对保证产品和服务不会损害消费者的生活与健康。消费者依法有权要求经营者在提供商品或服务时，必须满足保障人身、财产安全的基本要求。安全保障权包括人身安全权和财产安全权两项内容。

（二）知悉真情权

知悉真情权又称知情权，是指消费者享有知悉其购买、使用商品或者接受服务的真实情况的权利。知情权是消费者正确选择商品或服务以及正确加以使用的前提。消费者有权根据商品或者服务的不同情况，要求经营者提供商品的价格、产地、生产者、用途、性能、规格、等级、主要成分、生产日期、有效期限、检验合格证明、使用方法说明书、售后服务，或者服务的内容、规格、费用等有关情况。

（三）自主选择权

自主选择权是指消费者享有的自主选择商品或者服务的权利。消费者有权自主选择提供商品或者服务的经营者，自主选择商品品种或者服务方式,自主决定购买或者不购买任何一种商品、接受或者不接受任何一项服务。消费者在自主选择商品或者服务时,有权进行比较、鉴别和挑选。

（四）公平交易权

公平交易权是指消费者在与经营者的交易中享有获得公平待遇的权利。消费者享有公平交易的权利。消费者在购买商品或者接受服务时,有权获得质量保障、价格合理、计量正确等公平交易条件,有权拒绝经营者的强制交易行为。

（五）依法求偿权

依法求偿权即损害赔偿权,是指消费者在因购买、使用商品或者接受服务受到人身、财产损害时,依法享有的要求获得赔偿的权利。有权获得赔偿的主体,除了商品的购买者、使用者、接受服务者,还包括受损害的第三人。第三人是除商品的购买者、使用者和服务的接受者之外的,因为偶然原因而在事故现场受到损害的其他人。

（六）依法结社权

依法结社权是指消费者享有的依法成立或参加维护自身合法权益的社会组织的权利。目前我国的消费者社会团体主要是消费者协会和其他消费者组织。

（七）获得知识权

获得知识权也称受教育权,是指消费者享有的获得有关消费和消费者权益保护方面的知识的权利。消费者应当努力掌握所需商品或者服务的知识和使用技能,正确使用商品,提高自我保护意识。

（八）受尊重和个人信息受保护权

消费者在购买、使用商品和接受服务时,享有人格尊严、民族风俗习惯得到尊重的权利,享有个人信息依法得到保护的权利。

（九）监督批评权

监督批评权是指消费者享有的对商品和服务以及保护消费者权益工

作进行监督的权利。消费者有权检举、控告侵害消费者权益的行为和国家机关及其工作人员在保护消费者权益工作中的违法失职行为,有权对保护消费者权益工作提出批评、建议。

三、消费者权益的保护

（一）国家对消费者合法权益的保护

国家在保护消费者合法权益过程中的职责有:

（1）国家制定有关消费者权益的法律、法规、规章和强制性标准,应当听取消费者和消费者协会等组织的意见。

（2）各级人民政府应当加强领导,组织、协调、督促有关行政部门做好保护消费者合法权益的工作,落实保护消费者合法权益的职责。各级人民政府应当加强监督,预防危害消费者人身、财产安全行为的发生,及时制止危害消费者人身、财产安全的行为。

（3）各级人民政府工商行政管理部门和其他有关行政部门应当依照法律、法规的规定,在各自的职责范围内,采取措施保护消费者的合法权益。有关行政部门应当听取消费者和消费者协会等组织对经营者交易行为、商品和服务质量问题的意见,及时调查处理。

（4）有关行政部门在各自的职责范围内,应当定期或者不定期对经营者提供的商品和服务进行抽查检验,并及时向社会公布抽查检验结果。有关行政部门发现并认定经营者提供的商品或者服务存在缺陷,有危及人身、财产安全危险的,应当立即责令经营者采取停止销售、警示、召回、无害化处理、销毁、停止生产或者服务等措施。

（5）有关国家机关应当依照法律、法规的规定,惩处经营者在提供商品和服务中侵害消费者合法权益的违法犯罪行为。

（6）人民法院应当采取措施方便消费者提起诉讼。对符合起诉条件的消费者权益争议,必须受理,及时审理。

（二）消费者组织

1.消费者组织的性质

消费者协会和其他消费者组织是依法成立的对商品和服务进行社会监督的保护消费者合法权益的社会组织。消费者组织在保护消费者合法权益过程中发挥着重要的作用。

2. 消费者协会的公益性职责

消费者协会的公益性职责包括：①向消费者提供消费信息和咨询服务，提高消费者维护自身合法权益的能力，引导文明、健康、节约资源和保护环境的消费方式；②参与制定有关消费者权益的法律、法规、规章和强制性标准；③参与有关行政部门对商品和服务的监督、检查；④就有关消费者合法权益的问题，向有关部门反映、查询，提出建议；⑤受理消费者的投诉，并对投诉事项进行调查、调解；⑥投诉事项涉及商品和服务质量问题的，可以委托具备资格的鉴定人鉴定，鉴定人应当告知鉴定意见；⑦就损害消费者合法权益的行为，支持受损害的消费者提起诉讼或者依照本法提起诉讼；⑧对损害消费者合法权益的行为，通过大众传播媒介予以揭露、批评。①

3. 消费者组织的经费保障及工作

各级人民政府对消费者协会履行职责应当予以必要的经费等支持。消费者协会应当认真履行保护消费者合法权益的职责，听取消费者的意见和建议，接受社会监督。依法成立的其他消费者组织依照法律、法规及其章程的规定，开展保护消费者合法权益的活动。消费者组织不得从事商品经营和营利性服务，不得以收取费用或者其他牟取利益的方式向消费者推荐商品和服务。

（三）消费争议的解决

1. 消费争议的解决途径

消费者和经营者发生消费者权益争议的，可以通过下列途径解决：①与经营者协商和解；②请求消费者协会或者依法成立的其他调解组织调解；③向有关行政部门投诉；④根据与经营者达成的仲裁协议提请仲裁机构仲裁；⑤向人民法院提起诉讼。

2. 消费争议的求偿主体及赔偿主体

为保证在发生消费争议时，能够准确确定责任承担者，我国《消费者权益保护法》就求偿主体以及最终赔偿主体的确定，作出如下规定：

（1）消费者在购买、使用商品时，其合法权益受到损害的，可以向销售者要求赔偿。销售者赔偿后，属于生产者的责任或者属于向销售者提

---

① 李裕琢 . 经济法律基础 [M]. 北京：中央广播电视大学出版社，2017.

供商品的其他销售者的责任的,销售者有权向生产者或者其他销售者追偿。

消费者或者其他受害人因商品缺陷造成人身、财产损害的,可以向销售者要求赔偿,也可以向生产者要求赔偿。属于生产者责任的,销售者赔偿后,有权向生产者追偿。属于销售者责任的,生产者赔偿后,有权向销售者追偿。消费者在接受服务时,其合法权益受到损害的,可以向服务者要求赔偿。

（2）消费者在购买、使用商品或者接受服务时,其合法权益受到损害,因原企业分立、合并的,可以向变更后承受其权利和义务的企业要求赔偿。

（3）使用他人营业执照的违法经营者提供商品或者服务,损害消费者合法权益的,消费者可以向其要求赔偿,也可以向营业执照的持有人要求赔偿。

（4）消费者在展销会、租赁柜台购买商品或者接受服务,其合法权益受到损害的,可以向销售者或者服务者要求赔偿。展销会结束或者柜台租赁期满后,也可以向展销会的举办者、柜台的出租者要求赔偿。展销会的举办者、柜台的出租者赔偿后,有权向销售者或者服务者追偿。

（5）消费者通过网络交易平台购买商品或者接受服务,其合法权益受到损害的,可以向销售者或者服务者要求赔偿。网络交易平台提供者不能提供销售者或者服务者的真实名称、地址和有效联系方式的,消费者也可以向网络交易平台提供者要求赔偿;网络交易平台提供者做出更有利于消费者的承诺的,应当履行承诺。网络交易平台提供者赔偿后,有权向销售者或者服务者追偿。

网络交易平台提供者明知或者应知销售者或者服务者利用其平台侵害消费者的合法权益,未采取必要措施的,依法与该销售者或者服务者承担连带责任。

（6）消费者因经营者利用虚假广告或者其他虚假宣传方式提供商品或者服务,其合法权益受到损害的,可以向经营者要求赔偿。广告经营者、发布者发布虚假广告的,消费者可以请求行政主管部门予以惩处。广告经营者、发布者不能提供经营者的真实名称、地址和有效联系方式的,应当承担赔偿责任。广告经营者、发布者设计、制作、发布关系消费者生命健康商品或者服务的虚假广告,造成消费者损害的,应当与提供该商品或者服务的经营者承担连带责任。社会团体或者其他组织、个人在关系消费者生命健康商品或者服务的虚假广告或者其他虚假宣传中向消费者推荐商品或者服务,造成消费者损害的,应当与提供该商品或者服务的经营者承担连带责任。

对侵害众多消费者合法权益的行为,中国消费者协会以及在省、自治区、直辖市设立的消费者协会,可以向人民法院提起消费公益诉讼。

四、法律责任

(一)民事责任

1. 承担民事责任的概括性规定

经营者提供商品或者服务有下列情形之一的,除《消费者权益保护法》另有规定外,应当依照其他有关法律、法规的规定,承担民事责任:①商品或者服务存在缺陷的;②不具备商品应当具备的使用性能而出售时未作说明的;③不符合在商品或者其包装上注明采用的商品标准的;④不符合商品说明、实物样品等方式表明的质量状况的;⑤生产国家明令淘汰的商品或者销售失效、变质的商品的;⑥销售的商品数量不足的;⑦服务的内容和费用违反约定的;⑧对消费者提出的修理、重作、更换、退货、补足商品数量、退还货款和服务费用或者赔偿损失的要求,故意拖延或者无理拒绝的;⑨法律、法规规定的其他损害消费者权益的情形。

2. 关于侵犯人身权的民事责任

(1)经营者提供商品或者服务,造成消费者或者其他受害人人身伤害的,应当赔偿医疗费、护理费、交通费等为治疗和康复支出的合理费用,以及因误工减少的收入。造成残疾的,还应当赔偿残疾者生活自助消费和残疾赔偿金;造成死亡的,还应当赔偿丧葬费和死亡赔偿金。

(2)经营者侵害消费者的人格尊严、侵犯消费者人身自由或者侵害消费者个人信息依法得到保护的权利的,应当停止侵害、恢复名誉、消除影响、赔礼道歉,并赔偿损失。

(3)经营者有侮辱诽谤、搜查身体、侵犯人身自由等侵害消费者或者其他受害人人身权益的行为,造成严重精神损害的,受害人可以要求精神损害赔偿。

3. 关于侵犯财产权的民事责任

(1)经营者提供商品或者服务,造成消费者财产损害的,应当依照法律规定或者当事人约定承担修理、重作、更换、退货、补足商品数量、退还货款和服务费用或者赔偿损失等民事责任。

（2）经营者以预收款方式提供商品或者服务的,应当按照约定提供。未按照约定提供的,应当按照消费者的要求履行约定或者退回预付款,并应当承担预付款的利息、消费者必须支付的合理费用。

（3）依法经有关行政部门认定为不合格的商品,消费者要求退货的,经营者应当负责退货。

（4）经营者提供商品或者服务有欺诈行为的,应当按照消费者的要求增加赔偿其受到的损失,增加赔偿的金额为消费者购买商品的价款或者接受服务的费用的 3 倍;增加赔偿的金额不足 500 元的,为 500 元。法律另有规定的,依照其规定。

经营者明知商品或者服务存在缺陷,仍然向消费者提供,造成消费者或者其他受害人死亡或者健康严重损害的,受害人有权要求经营者依照《消费者权益保护法》的规定赔偿损失,并有权要求所受损失 2 倍以上的惩罚性赔偿。

（二）行政责任

经营者有下列情形之一,除承担相应的民事责任外,其他有关法律、法规对处罚机关和处罚方式有规定的,依照法律、法规的规定执行;法律、法规未作规定的,由工商行政管理部门或者其他有关行政部门责令改正,可以根据情节单处或者并处警告、没收违法所得、处以违法所得 1 倍以上 10 倍以下的罚款,没有违法所得的,处以 50 万元以下的罚款;情节严重的,责令停业整顿、吊销营业执照:①提供的商品或者服务不符合保障人身、财产安全要求的;②在商品中掺杂、掺假,以假充真、以次充好,或者以不合格商品冒充合格商品的;③生产国家明令淘汰的商品或者销售失效、变质的商品的;④伪造商品的产地,伪造或者冒用他人的厂名、厂址,篡改生产日期,伪造或者冒用认证标志等质量标志的;⑤销售的商品应当检验、检疫而未检验、检疫或者伪造检验、检疫结果的;⑥对商品或者服务作虚假或者引人误解的宣传的;⑦拒绝或者拖延有关行政部门责令对缺陷商品或者服务采取停止销售、警示、召回、无害化处理、销毁、停止生产或者服务等措施的;⑧对消费者提出的修理、重作、更换、退货、补足商品数量、退还货款和服务费用或者赔偿损失的要求,故意拖延或者无理拒绝的;⑨侵害消费者人格尊严、侵犯消费者人身自由或者侵害消费者个人信息依法得到保护的权利的;⑩法律、法规规定的对损害消费者权益应当予以处罚的其他情形。

经营者有上述规定情形的,除依照法律、法规规定予以处罚外,处罚机关应当记入信用档案,向社会公布。经营者对行政处罚决定不服的,可以依法申请行政复议或者提起行政诉讼。

(三)刑事责任

经营者违反《消费者权益保护法》的规定提供商品或者服务,侵害消费者合法权益,构成犯罪的,依法追究刑事责任。以暴力、威胁等方法阻碍有关行政部门工作人员依法执行职务的,依法追究刑事责任;拒绝、阻碍有关行政部门工作人员依法执行职务,未使用暴力、威胁方法的,由公安机关依照《中华人民共和国治安管理处罚法》的规定处罚。国家机关工作人员玩忽职守或者包庇经营者侵害消费者合法权益的行为的,由其所在单位或者上级机关给予行政处分;情节严重,构成犯罪的,依法追究刑事责任。

第三节　竞争法

一、竞争及竞争法立法模式

(一)竞争的含义与特征

竞争是指两个以上主体为各自利益而互相争胜的活动。竞争法上所讲的竞争即市场竞争,是商品经营者为实现商品价值,满足经济利益,相互之间展开的竞相争胜、优胜劣汰的活动。竞争是商品经济的产物,具有下列特征:①竞争发生在两个以上商品经营者之间。如果在某个特定的市场里只有一个商品经营者,就不会发生竞争。②竞争一般发生在同行业的商品经营活动中。不同行业之间,会发生资本平均利润率的竞争,而导致资金流向高利润的行业。只有同行业之间的竞争,才是市场意义上的竞争。而且只有涉及商品经营内容的竞争才是市场竞争。③竞争应该发生在同一个特定的市场上。这包括两层含义:一是竞争发生在同一个行业市场上;二是竞争发生在同一个行业的地城市场上。

(二)竞争法立法模式

根据是将反垄断法与反不正当竞争法合并立法,还是分别立法,可将世界各国和地区的竞争立法分为三类：合立式、分立式和综合式。

1. 合立式

所谓合立式，即制定一部统一的竞争法典，将反垄断和反不正当竞争合并立法，制定统一的反不正当竞争法。此种模式最为典型的是台湾模式。1991 年中国台湾制定了一部涵盖反垄断与限制竞争法和反不正当竞争法两个方面内容的统一竞争法典（即《公平交易法》），该法的规制对象为企业（即公司、独资或合伙的工商行号、同业公会、其他提供商品和服务从事交易的人或团体等）的垄断与不公平竞争行为。属此模式的国家还有匈牙利等。

2. 分立式

所谓分立式，即就垄断和不正当竞争行为分别立法，其中规制垄断的法律为反垄断法，而规制不正当竞争的法律为反不正当竞争法。这种模式以德国竞争法为典型。德国的反垄断法典即 1957 年制定并经 1966 年、1973 年、1980 年、1990 年四度修订的《反对限制竞争法》，亦称《卡特尔法》。该法的规制对象包括卡特尔协议、滥用市场优势和企业兼并三类垄断与限制竞争行为。属此模式的国家还有日本、法国等。

3. 综合式

所谓综合式，即对垄断与不正当竞争在法律上不作明确划分，制定以"竞争"或"交易"等直接命名的法律，但法律的实质内容却是调整竞争关系和竞争管理关系，其中规定反不正当竞争的内容。这种比较独特的立法体例的典型代表是以《谢尔曼法》《克莱顿法》及《联邦贸易委员会法》构筑的美国竞争法。属此模式的国家主要是部分英美法系国家。

我国于 1993 年颁布实行《反不正当竞争法》中有条款涉及行政垄断问题，但总的来讲，其主要内容是针对狭义不正当竞争行为的。同时，由于 2007 年《中华人民共和国反垄断法》的颁布，我国的反不正当竞争立法体例应该说是分立模式。

二、反不正当竞争法

（一）反不正当竞争法基本理论

反不正当竞争法是调整国家在反对不正当竞争，维护公平、自由和有效竞争，保护其他经营者和消费者合法权益活动中所产生的社会关系的法律规范的总称。

反不正当竞争法的调整对象就是在反对市场经济不正当竞争中所发生的各种社会关系。一是不正当竞争者相互之间的关系；二是不正当竞争者与正当竞争者之间的关系；三是不正当竞争者与消费者之间的关系；四是不正当竞争者与反不正当竞争者之间的关系。

总之，反不正当竞争法就是调整上述社会关系的法律规范的总称。

在表现形式上，我国的反不正当竞争法有广义和狭义之分。狭义的反不正当竞争法是指全国人大常委会通过的《反不正当竞争法》。广义的反不正当竞争法除《反不正当竞争法》外，还包括国家有关法律、行政法规、司法解释和规章中关于反不正当竞争的法律规范。

我国第一部统一的竞争法律是 1993 年通过并于 12 月 1 日开始实施的《反不正当竞争法》。2017 年 11 月 4 日第十二届全国人民代表大会常务委员会第三十次会议通过修订《反不正当竞争法》的决定，2018 年 1 月 1 日正式生效。

（二）不正当竞争行为的表现形式

1. 混淆行为

经营者不得实施下列混淆行为，引人误认为是他人商品或者与他人存在特定联系。

（1）擅自使用与他人有一定影响的商品名称、包装、装潢等相同或者近似的标识经营者擅自使用有一定影响的商品特有的名称、包装装潢或者使用与该商品近似的名称、包装、装潢，造成和他人有一定影响的商品相混淆，使购买者误认为是该商品。有一定影响的商品的名称、包装、装潢可能并未注册商标或采取其他知识产权保护措施，但对这些反映经营者商业信誉和商品声誉的标志的仿冒属于破坏竞争秩序的不正当竞争行为。

（2）擅自使用他人有一定影响的企业名称（包括简称、字号等）、社会组织名称（包括简称等）、姓名（包括笔名、艺名、译名等）企业的名称不仅具有唯一性，且为企业所独有，与企业不可分离。企业对其名称享有专用权其他任何人不得侵犯。至于姓名，这里有特定的含义，一般是指从事经营的个体经营者在经营中所使用的与其经营相联系的姓名。企业名称或者姓名显示经营者或服务活动的外在特征，体现了商业信誉和商品声誉。

构成擅自使用他人有一定影响的企业名称或姓名的行为的基本要件是：第一，故意并未经名称或姓名专有权人的许可，擅自使用；第二，被仿冒的企业名称或姓名一般都具有良好的信誉声誉；第三，此类仿冒行为的目的是引人误认、误购。《反不正当竞争法》规定，仿冒他人的企业名称或姓名，给被侵害的经营者造成损害的，应当承担损害赔偿责任。

（3）擅自使用他人有一定影响的域名主体部分、网站名称、网页等。该规定采取了列举性规定，"等"字概括规定应作出与列举事项相一致的类似解释，即不属于域名主体部分、网页和网站名称的范围，但仍属于类似的互联网领域的特殊商业标识。本项首先明确列举了"网站名称"和"网页"，各种独立网站，包括在各种电商平台上开设的网店都可划到本项名下，各种微博号、微信号名称，以及各种应用程序（app）的名称都可归入本类规范之列。《最高人民法院关于审理涉及计算机网络域名民事纠纷案件适用法律若干问题的解释》第四条规定："人民法院审理域名纠纷案件，对符合以下各项条件的，应当认定被告注册、使用域名等行为构成侵权或者不正当竞争：①原告请求保护的民事权益合法有效；②被告域名或其主要部分构成对原告驰名商标的复制、模仿、翻译或音译；或者与原告的注册商标、域名等相同或近似，足以造成相关公众的误认；③被告对该域名或其主要部分不享有权益，也无注册、使用该域名的正当理由；④被告对该域名的注册、使用具有恶意。"新法吸收了上述司法解释的部分内容，并予以概括规定。①

（4）其他足以引人误认为是他人商品或者与他人存在特定联系的混淆行为。这是指在商品上伪造或冒用认证标志、名优标志等质量标志，伪造产地，对商品质量作引人误解的虚假表示。产品的质量标志是产品质量信誉的集中体现，这些标志主要有认证标志、名优标志等级标志等。一些经营者在竞争中伪造或者冒充质量标志，以此争取交易机会并谋取高额经济利益，从而损害了竞争秩序。至于商品的产地，往往与商品的信誉有机地联系在一起，从而也具有相当的商业价值，他人伪造产地，会给真正拥有该产地的同类产品造成损害，并损害消费者的利益，故也是一种典型的不正当竞争行为。这类不正当竞争行为并不侵犯特定经营者的知识产权，它或者虚构事实，或者隐瞒事实真相，对商品的质量、信誉作引人误解的虚假表示，以进行欺诈性交易。

2. 商业贿赂行为

经营者不得采用财物或者其他手段贿赂下列单位或者个人，以谋取交易机会或者竞争优势。包括：交易相对方的工作人员；受交易相对方委托办理相关事务的单位或者个人；利用职权或者影响力影响交易的单

① 漆多俊.经济法基础理论（第5版）[M].北京：法律出版社，2017.

位或者个人。经营者的工作人员进行贿赂的,应当认定为经营者的行为;但是,经营者有证据证明该工作人员的行为与为经营者谋取交易机会或者竞争优势无关的除外。

商业贿赂行为的构成要件包括:①商业贿赂的行贿主体是经营者,受贿主体为作为交易相对人的经营者或其他对交易具有影响力的有关人员;②主观上,行贿者的目的是借用商业贿赂手段促成交易或在交易中排挤同业竞争者,取得竞争优势;③商业贿赂是以不正当方式进行的行为;④商业贿赂行为具有违法性。

3. 虚假宣传行为

虚假宣传行为是指经营者利用广告或者其他的方式,对商品的质量、性能、用途、特点、价格、使用方法等作引人误解的虚假表示,诱发消费者产生误购的行为。在反不正当竞争法上,虚假宣传行为与误导行为往往是画等号的,都是不正当竞争行为。虚假宣传行为是一种危害严重的行为,也是在市场中发生量很大的行为。因此我国《反不正当竞争法》规定:"经营者不得利用广告或者其他方法,对商品的质量,制作成分、性质、用途、生产者、有效期限、产地等作引人误解的虚假宣传。广告的经营者不得在明知或者应知的情况下,代理、设计、制作、发布虚假广告。"

4. 侵犯商业秘密的行为

商业秘密是指不为公众所知悉、具有商业价值并经权利人采取相应保密措施的技术信息和经营信息。商业秘密的特性是:第一,商业性,表现为它具有实用价值并能够为权利人带来经济利益;第二,秘密性,表现为它不为社会公众所知悉,并且权利人还采取了保密措施来维持这种秘密性。

侵犯商业秘密是指经营者采用非法手段获取、披露或使用他人商业秘密的行为。我国在立法中吸收了世界各地的经验,对侵犯商业秘密的行为以列举的方式作了具体的规定。

(1)以不正当手段获取他人商业秘密。

获取他人商业秘密的不正当手段是指一切违反诚实信用、公平竞争原则,直接从权利人处获取商业秘密的行为。事实上,不正当手段是不可能列举穷尽的,因此,在具体的案件审理中,还需对个案进行分析,只要侵权人不是以正当手段获得,就可以认定为是以不正当手段获得。《反不正当竞争法》对"不正当手段"具体规定为:"以盗窃、利诱、胁迫或者其他不正当手段获取权利人的商业秘密"的行为。

（2）恶意披露、使用或允许他人使用以违法手段获得的商业秘密

这是行为人侵犯他人商业秘密的继续。非法获取他人商业秘密的行为人将其所获取的商业秘密转告第三人或利用各种方式将其泄露或自己使用或允许他人使用该商业秘密,都会使权利人受到的损害进一步扩大。我国《反不正当竞争法》第9条第1款第2项对此明确规定,"披露使用或者允许他人使用以前项手段获取的权利人的商业秘密",是侵犯商业秘密的行为。"前项手段"是指以盗窃、贿赂、欺诈、胁迫或者其他不正当手段获取权利人的商业秘密的行为。

（3）违反约定或者违反权利人的要求披露、使用或允许他人使用商业秘密的行为。

行为人可以通过正当手段获得商业秘密,如通过合作合同等。此时,行为人对商业秘密的权利人即负有相应的保密、不得擅自使用等义务,这些义务可以是明示的,也可以是默示的。行为人如果违反这些义务,擅自披露、使用或者允许他人使用该商业秘密,就应当被认定为不正当竞争行为。我国《反不正当竞争法》规定,禁止"违反约定或者违反权利人有关保守商业秘密的要求,披露、使用或者允许他人使用其所掌握的商业秘密"的行为。

（4）第三人侵犯商业秘密的行为。

我国(反不正当竞争法)将其称为"视为侵犯商业秘密的行为",是指第三人明知或者应知商业秘密权利人的员工、前员工或者其他单位、个人实施前款所列违法行为,仍获取、披露使用或者允许他人使用该商业秘密的,视为侵犯商业秘密。

5. 不正当有奖销售行为

有奖销售是经营者的一种促销手段,是经营者以提供物品、金钱或其他条件作为奖励,刺激消费者购买商品或接受服务的行为。世界各国对有奖销售都有立法加以规范和严格限制,规定这些以奖励、让利为特征的促销手段的实施,不得有碍于公正而自由的竞争,其方法必须是正当的、诚实的,否则即构成不正当有奖销售行为。国家工商行政管理总局(关于禁止有奖销售活动中不正当竞争行为的若干规定)第2条第1款对有奖销售下了定义:"本规定所称有奖销售,是指经营者销售商品或者提供服务时,附带性地向购买者提供物品、金钱或者其他经济上的利益的行为。包括:奖励所有购买者的附赠式有奖销售和奖励部分购买者的抽奖式有奖销售。"

不当有奖销售具有以下特征:第一,主体一般是出售或提供服务的

卖方。不当有奖销售发生于销售环节，一般是由推销商品或服务的经营者组织和实施，故其主体一般均为卖方。第二，发生于有奖销售的过程中。只有在实施有奖销售的场合，才会有不当有奖销售可言。第三，采用了不合法的奖励方法或奖励幅度。不当有奖销售采用的方法主要表现为有奖欺骗、人为控制奖励进程、借有奖销售推销质次价高的产品，不当巨额有奖销售等。第四，行为人主观上存在故意。有奖销售是种有计划、有步骤实施的行为，因此，从事不当有奖销售的行为人主观上存在故意，目的是以不正当的手段促进销售，并以此获得竞争利益。

6.商业诋毁行为

商业诋毁行为是指经营者通过捏造、散布虚假事实等不正当手段，损害竞争对手的商业信誉和商品声誉，削弱对手竞争能力的行为。商业信誉是社会对经营者商业道德，商品品质、价格、服务等方面的积极评价。商品声誉是社会对特定商品品质、性能的赞誉。商品声誉给经营者带来商业信誉，商业信誉促进商品声誉，它们是一种互动的关系。它们为经营者带来巨大的经济效益以及市场竞争中的优势地位。

7.互联网领域不正当竞争

经营者利用网络从事生产经营活动，应当遵守本法的各项规定。经营者不得利用技术手段，通过影响用户选择或者其他方式，实施下列妨碍、破坏其他经营者合法提供的网络产品或者服务正常运行的行为，包括：未经其他经营者同意，在其合法提供的网络产品或者服务中，插入链接、强制进行目标跳转；误导、欺骗、强迫用户修改、关闭、卸载其他经营者合法提供的网络产品或者服务；恶意对其他经营者合法提供的网络产品或者服务实施不兼容；其他妨碍、破坏其他经营者合法提供的网络产品或者服务正常运行的行为。

（三）对不正当竞争行为的监督检查

根据《反不正当竞争法》第13条的规定，监督检查部门在监督检查不正当竞争行为时，有权行使下列职权。

1.检查权和调查权

按照规定程序进入涉嫌不正当竞争行为的经营场所进行检查，并询问被检查的经营者、利害关系人、证明人，并要求提供证明材料或者与不正当竞争行为有关的其他材料；查询、复制与不正当竞争行为有关的协议、账册、单据、文件、记录、业务函电和其他材料；检查与《反不正当竞法》限定的不正当竞争行为有关的财物。

2. 强制措施权

强制措施权包括：责令被检查的经营者说明商品的来源和数量；暂停销售，听候检查；不得转移、隐匿、销毁与不正当竞争行为有关的财物。经有关机关批准可以查封，扣押与涉嫌不正当竞争行为有关的财物；查询涉嫌不正当竞争行为的经营者的银行账户。采取前款规定的措施，应当向监督检查部门主要负责人书面报告，并经批准。采取前款规定的措施，应当向设区的市级以上人民政府监督检查部门主要负责人书面报告，并经批准。

3. 行政处罚权与行政公开

行政处罚权具体包括：责令停止违法行为、罚款、没收违法所得、吊销营业执照、责令消除影响等。另外，监督检查部门的工作人员在监督检查不正当竞争行为时，应当出示检查证件。监督检查部门调查涉嫌不正当竞争行为，应当遵守《中华人民共和国行政强制法》和其他有关法律、行政法规的规定，并应当将查处结果及时向社会公开。

三、反垄断法

（一）垄断的概念和特征

垄断是指经营者以独占或有组织的联合行动等方式，凭借经济优势或行政权力，操纵或支配市场，限制或排斥竞争的行为。

垄断具有以下几个特征。

（1）形成垄断的主要方式是独占或有组织的联合行动。

（2）垄断者之所以能形成垄断势力凭借的是经济优势或行政权力。

（3）垄断限制和排斥了竞争。

（二）我国反垄断法规制的垄断行为

1. 垄断协议

垄断协议也称限制竞争协议、联合限制竞争行为，是指两个或者两个以上经营者排除、限制竞争的协议、决定或者其他协同行为。

根据参与垄断协议的经营者之间是否具有竞争关系，可以将垄断协议分为横向垄断协议和纵向垄断协议。

（1）横向垄断协议。横向垄断协议是指在生产或者销售过程中处于同一阶段的经营者之间（如生产商之间、批发商之间、零售商之间等）达成的协议。《中华人民共和国反垄断法》（以下简称《反垄断法》）禁止以下几种横向垄断协议：①固定或者变更商品价格；②限制商品的生产数量或者销售数量；③分割销售市场或者原材料采购市场；④限制购买新技术、新设备或者开发新技术，新产品；⑤联合抵制交易；⑥国务院反垄断执法机构认定的其他垄断协议。

（2）纵向垄断协议。纵向垄断协议是指在生产或是销售的过程中处于不同阶段的经营者之间（如生产商与批发商之间、批发商与零售商之间）达成的协议。《反垄断法》禁止经营者与交易相对人达成下列纵向垄断协议：①固定向第三人转售商品的价格；②限定向第三人转售商品的最低价格；③国务院反垄断执法机构认定的其他垄断协议。

经营者能够证明所达成的协议属于下列情形之一的，不适用《反垄断法》对垄断协议禁止的规定：①为改进技术、研究开发新产品；②为提高产品质量、降低成本、增进效率，统一产品规格、标准或者实行专业化分工的；③为提高中小经营者经营效率，增强中小经营者竞争力的；④为实现节约能源、保护环境、救灾救助等社会公共利益的；⑤因经济不景气，为缓解销售量下降或者生产明显过剩的；⑥为保障对外贸易和对外经济合作中的正当利益的；⑦法律和国务院规定的其他情形。《反垄断法》规定，经营者承担垄断协议豁免的举证责任，即经营者应当证明所达成的协议不会严重地限制相关市场的竞争，并且能够使消费者分享由此产生的利益。①

2. 滥用市场支配地位

反垄断法所称市场支配地位是指经营者在相关市场内具有能够影响控制商品价格、数量或者其他交易条件，或者能够阻碍、影响其他经营者进入相关市场能力的市场地位。滥用市场支配地位行为是指具有市场支配地位的经营者凭借其市场支配地位实施的排挤竞争对手或不公平交易行为。

根据《反垄断法》的规定，该法禁止的滥用市场支配地位行为主要包括：①以不公平的高价销售商品或者以不公平的低价购买商品；②没有正当的理由，以低于成本的价格销售商品；③没有正当的理由，拒绝与交易相对人进行交易；④没有正当的理由，限定交易相对人只能与其进行交易或者只能与其指定的经营者进行交易；⑤没有正当的理由搭售商

① 漆多俊.经济法基础理论（第5版）[M].北京：法律出版社，2017.

品,或者在交易时附加其他不合理的交易条件;⑥没有正当的理由,对条件相同的交易相对人在交易价格等交易条件上实施差别待遇;⑦国务院反垄断执法机构认定的其他滥用市场支配地位的行为。

3. 经营者集中

经营者集中是指经营者之间通过合并、取得股份或者资产、委托经营或者联营以及人事兼任等方式形成的控制与被控制状态。通过经营者集中,可能导致的最直接后果就是同一竞争领域的经营者数量减少,竞争度降低。

我国《反垄断法》规定的经营者集中的表现形式指下列情形:①经营者合并;②经营者通过取得股权或者资产的方式取得对其他经营者的控制权;③经营者通过合同等方式取得其他经营者的控制或者能够对其他经营者施加决定性的影响。

经营者集中达到国务院规定的申报标准的,经营者应当事先向国务院反垄断法执法机构申报,未申报的不得实施集中。经营者集中的申报标准是参与集中的经营者作为是否申报并接受反垄断审查的法律依据。我国《反垄断法》没有明确规定经营者集中的申报标准,面是授权国务院对经营者集中的申报标准做出规定。

经营者集中有下列情形之一的,可以不向国务院反垄断执法机构申报:①参与集中的一个经营者拥有其他每个经营者 50% 以上的表决权的股份或资产的;②参与集中的经营者 50% 以上有表决权的股份或者资产被同一个参与集中的经营者拥有的。

4. 滥用行政权力排除、限制竞争

滥用行政权力排除、限制竞争即通常所说的"行政性垄断",是指行政机关和法律、法规授权的具有管理公共事务职能的组织滥用行政权力,排除、限制竞争的行为。

滥用行政权力排除、限制竞争有以下几种。

(1)强制交易。强制交易是指行政机关和法律、法规授权的具有管理公共事务职能的组织滥用行政权力,限定或者变相限定单位或者个人经营、购买、使用其指定的经营者提供的商品的行为。

(2)地区封锁。行政机关和法律、法规授权的具有管理公共事务职能的组织,不得滥用行政权力实施下列行为,妨碍商品在地区之间的自由流通:①对外地商品设定歧视性收费项目、实行歧视性收费标准,或者规定歧视性价格;②对外地商品规定与本地同类商品不同的技术要求、检验标准,或者对外地商品采取重复检验、重复认证等歧视性技术措施,限制外地商品进入本地市场；③采取专门针对外地商品的行政许可，限制外地商品进入本地市场；④设置关卡或者采取其他手段，阻碍外地商品进入或者本地商品运出；⑤妨碍商品在地区之间自由流通的其他行为。

（3）排斥或者限制外地经营者参加本地的招标和投标活动。行政机关和法律、法规授权的具有管理公共事务职能的组织不得滥用行政权力，以设定歧视性资质要求、评审标准或者不依法发布信息等方式，排斥或者限制外地经营者参加本地的招标和投标活动。

（4）排斥或者限制外地经营者在本地投资或者设立分支机构。行政机关和法律、法规授权的具有管理公共事务职能的组织不得滥用行政权力，采取与本地经营者不平等待遇等方式，排斥或者限制外地经营者在本地投资或者设立分支机构。

（5）强制从事垄断行为。行政机关和法律、法规授权的具有管理公共事务职能的组织不得滥用行政权力，强制经营者从事《反垄断法》规定的垄断行为。

（6）抽象行政性垄断行为。行政机关不得滥用行政权力，制定含有排除、限制竞争内容的规定。

（三）违反《反垄断法》的法律责任

违反《反垄断法》的法律责任包括：

（1）经营者违反《反垄断法》的规定，达成并实施垄断协议的，由反垄断执法机构责令停止违法行为，没收违法所得，并处上一年度销售额1%以上10%以下的罚款；尚未实施所达成的垄断协议的处50万元以下的罚款。经营者主动向反垄断执法机构报告达成垄断协议的有关情况并提供重要证据的，反垄断执法机构可以酌情减轻或者免除对该经营者的处罚。行业协会违反《反垄断法》的规定，组织本行业的经营者达成垄断协议的，反垄断执法机构可以处50万元以下的罚款；情节严重的，社会团体登记管理机关可以依法撤销登记。

（2）经营者违反《反垄断法》的规定，滥用市场支配地位的，由反垄断执法机构责令停止违法行为，没收违法所得，并处上一年度销售额1%以上10%以下罚款。

（3）经营者违反《反垄断法》规定实施集中的，由国务院反垄断执法机构责令停止实施集中、限期处分股份或者资产、限期转让营业及采取其他必要措施恢复到集中前状态，可以处50万元以下的罚款。

经营者实施上述三种垄断行为，给他人造成损失的，依法承担民事责任。

（4）行政机关和法律、法规授权的具有管理公共事务职能的组织滥用行政权力，实施排除、限制竞争行为的，由上级机关责令改正；对直接负责的主管人员和其他直接责任人员依法给予处分。反垄断执法机构可以向有关上级机关提出依法处理的建议另有规定的，依照其规定。

（5）对反垄断执法机构依法实施的审查和调查，拒绝提供有关材料、信息，或者提供虚假材料、信息，或者隐匿、销毁、转移证据，或者有其他拒绝、阻碍调查行为的，由反垄断执法机构责令改正，对个人可以处2万元以下的罚款，对单位可以处20万元以下的罚款；情节严重的，对个人处2万元以上10万元以下的罚款，对单位处20万元以上100万元以下的罚款；构成犯罪的，依法追究刑事责任。

（6）反垄断执法机构工作人员滥用职权、玩忽职守、徇私舞弊或者泄露执法过程中知悉的商业秘密构成犯罪的，依法追究刑事责任；尚不构成犯罪的，依法给予处分。

第五章 现代化经济体系建设中的合同法律制度

第一节 合同法概述

一、合同的概念与特征

（一）合同的概念

合同的含义十分广泛,例如有劳动法上的合同行政法上的合同、民法上的合同等。民法上的合同也多种多样,例如有物权合同、债权合同、身份合同等。依《中华人民共和国合同法》（以下简称《合同法》）第2条的规定可知,我国合同法中的合同主要指债权合同。此类合同是指平等主体的自然人、法人、其他组织之间设立、变更终止民事权利义务关系的协议。

（二）合同的特征

根据我国合同法的规定,合同具有以下法律特征。

（1）合同是平等主体之间的民事法律关系。合同当事人的法律地位平等,一方不得凭借行政权力、经济实力等将自己的意志强加给另一方。

（2）合同是多方当事人的法律行为。合同的主体必须有两个或两个以上,合同的成立是各方当事人意思表示一致的结果。

（3）合同是从法律上明确当事人之间特定权利与义务关系的文件。合同在当事人之间设立、变更终止某种特定的民事权利义务关系,以实现当事人的特定经济目的。

（4）合同是具有相应法律效力的协议。合同依法成立之后,当事人各方都必须全面正确履行合同中规定的义务，不得擅自变更或者解除。当事人不履行合同中规定的义务，要依法承担违约责任。对方当事人可通过诉讼、仲裁，请求强制违约方履行义务，追究其法律责任。

二、合同法的概念与特征

（一）合同法的概念

合同法是调整平等主体之间商品交换关系的法律规范的总称，它调整合同的订立效力、履行、变更和解除、终止、违约责任等合同关系。合同关系是指当事人之间通过签订合同所建立的权利义务关系。

（二）合同法的特征

合同法具有以下特征。

（1）合同法强调主体平等、自愿协商等价有偿的原则。这些原则是商品交换的基本原则，在合同法中得到最充分的体现。

（2）合同法贯彻契约自由的原则。在合同法中，主要是通过任意性法律规范而不是强制性法律规范调整合同关系。政府对当事人通过合同关系进行的经济活动的干预，被严格限制在合理的范围之内。

（3）合同法从动态的角度为当事人提供财产关系的法律保护。合同法与物权法均属财产法范畴。物权法主要调整财产所有关系，是从静态角度为当事人财产关系提供法律保护。而合同法则调整商品交换关系，即调整动态的财产流转关系。

三、合同法的基本原则

合同法的基本原则是适用于合同法全部领域的准则。

（一）平等原则

《合同法》第3条对平等原则做了明确规定："合同当事人的法律地位平等，一方不得将自己的意志强加给另一方。"须特别注意的是，平等原则所要求的平等非指经济地位上的平等或经济实力的平等，而是"法律地位"的平等，这既是商品经济的内在要求在法律原则上的体现，也是由合同自身的性质所决定的。

（二）自愿原则

《合同法》第4条规定："当事人依法享有自愿订立合同的权利,任何单位和个人不得非法干预。"可见,合同法中的自愿原则是指当事人在订立合同时是自愿的,不受任何单位和个人的非法干预。该原则有如下含义:①当事人有订立或不订立合同的自由;②当事人有选择合同相对人、合同内容和合同形式的自由。当然,自愿原则并不是绝对的,当事人根据自己的意志订立合同时,不得违背法律的规定,不得损害国家利益和社会公共利益。

（三）公平原则

所谓公平原则,是指在合同订立和履行过程中,要以公平观念来调整合同当事人之间的权利义务关系。依《合同法》第5条的规定可知,公平原则是当事人缔结合同关系,尤其是确定合同内容时,所应遵循的指导性原则。

（四）诚实信用原则

合同法规定,当事人行使权利、履行义务应当遵循诚实信用原则。当事人应当诚实守信,善意地行使权利、履行义务,不得有欺诈等恶意行为。在法律、合同未做规定或规定不清的情况下,要依据诚实信用原则来解释法律和合同,来平衡当事人间的利益关系。

（五）守法、不损害社会公共利益原则

当事人订立、履行合同,应当遵守法律、行政法规,尊重社会公德,不得扰乱社会经济秩序、损害社会公共利益。

四、合同的分类

根据不同的标准,可将合同分为不同的种类。

（一）有名合同与无名合同

根据法律是否对合同规定有确定的名称与调整规则,合同分为有名合同与无名合同。有名合同是立法上规定有确定名称与规则的合同,又称典型合同"。如《合同法》在分则中规定的买卖合同、赠与合同、借款合同、租赁合同等各类合同。无名合同是立法上尚未规定有确定名称与规则的合同,又称"非典型合同"。这种分类的意义在于两种合同的法律适用不同。对有名合同可直接适用《合同法》中关于该种合同的具体规定。对无名合同则只能在适用《合同法》总则中规定的一般规则的同时,参照该法分则或者其他法律中最相类似的规定执行。[①]

（二）单务合同与双务合同

根据合同当事人是否互相享有权利、负有义务,可将合同分为单务合同与双务合同。单务合同是指仅有一方当事人承担义务的合同,如赠与合同。双务合同是指双方当事人相互享受权利、承担义务的合同,如买卖合同、承揽合同、租赁合同等。这种分类的法律意义在于,因两种合同义务承担的不同,从而使它们的法律适用不同,如单务合同履行中不存在同时履行抗辩权等问题。

（三）有偿合同与无偿合同

根据合同当事人是否为从合同中得到的利益支付代价,可将合同分为有偿合同与无偿合同。有偿合同是指当事人为从合同中得到利益要支付相应代价的合同,如买卖合同。无偿合同是指当事人不需为从合同中得到的利益支付相应代价的合同,如赠与合同。

（四）诺成合同与实践合同

根据合同是自当事人意思表示一致时成立,还是在当事人意思表示一致后,须有实际交付标的物的行为才能成立,可将合同分为诺成合同与实践合同。通常,确认某种合同是否属于实践合同除须根据商务惯例外,还应有法律明确规定。

（五）要式合同与不要式合同

根据法律是否要求合同必须符合一定的形式才能成立,可将合同分为要式合同与不要式合同。要式合同是必须按照法律规定的特定形式订立方可成立的合同。不要式合同是法律对合同成立未规定特定的形式的

---

① 崔建远.合同法学[M].北京:法律出版社,2015.

合同。通常,合同除有法律特别规定者外,均属不要式合同。

（六）主合同与从合同

根据合同是否须以其他合同的存在为前提而存在,可将合同分为主合同与从合同。主合同是无须以其他合同存在为前提即可独立存在的合同。从合同是必须以其他合同的存在为前提才可存在的合同。从合同不能独立存在,所以又称附属合同。主合同的成立与效力直接影响从合同的成立与效力。

第二节　合同的订立与审查

一、合同订立

（一）合同订立的概念

合同的订立,是指合同当事人相互为意思表示,并使各方的意思表示达成合意的过程。合同的订立是一个动态过程,其结果是确立了当事人各方的权利义务关系,即合同成立。

（二）合同的内容与形式

1. 合同的内容

合同的内容,即合同当事人订立合同的各项具体意思表示,具体表现为合同的各项条款。根据我国《合同法》的规定,在不违反法律强制性规定的情况下,合同的内容由当事人约定,一般包括以下条款。

（1）当事人的名称或者姓名和住所。

（2）标的,即合同双方当事人权利义务所共同指向的对象,标的应尽量明确。

（3）数量,数量约定明确,同时对合理的误差及自然增减等应做出规定。

（4）质量,一般以品种、型号、规格、等级等形式体现。

（5）价款或者报酬,价款一般是指对提供财产的当事人支付的货币,报酬是指接受服务或者工作成果的一方当事人向另一方当事人支付的货币。

（6）履行期限、地点和方式。

（7）违约责任。违约责任是指合同当事人一方或者双方不履行合同义务或者履行合同义务不符合约定时，按照法律或合同规定应当承担的法律责任。

（8）解决争议的方法。解决争议的方法是指合同当事人对合同的履行发生争议时解决的途径和方式。

当事人可以参照各类合同的示范文本订立合同。

在合同的订立中，要注意格式条款的适用问题。格式条款是当事人为了重复使用而预先拟定，并在订立合同时未与对方协商的条款。格式条款的适用可以简化签约程序，加快交易速度，减少交易成本。但是，由于格式条款是由一方当事人拟订，且在合同谈判中不容对方协商修改，双方地位实际上并不平等，其条款内容难免有不够公平之处。所以《合同法》对其适用做出特别规定，以保证另一方当事人的合法权益。《合同法》第39条规定，采用格式条款订立合同的，提供格式条款的一方应当遵循公平原则确定当事人之间的权利和义务，并采取合理的方式提请对方注意免除或者限制其责任的条款，按照对方的要求，对该条款予以说明。此外，《合同法》还规定，对格式条款的理解发生争议的，应当按照通常理解予以解释。对格式条款有两种以上解释的，应当做出不利于提供格式条款一方的解释。

格式条款和非格式条款不一致的，应当采用非格式条款。

2. 合同的形式

合同的形式，是指合同当事人意思表示一致的外在表现形式。当事人订立合同，可以采取书面形式、口头形式和其他形式。

（1）口头形式。

口头形式是指合同双方当事人以语言表达的方式订立合同。口头形式的合同方便易行，但缺点是发生争议时难以举证确认责任，不够安全。所以，重要的合同不宜采用口头形式。

（2）书面形式。

书面形式是指合同书、信件和数据电文（包括电报电传传真、电子数据交换和电子邮件）等各种可以有形地表现所载内容的形式，不限于合同文本种形式。对法律、行政法规规定采用书面形式的合同，当事人应当采用书面形式。当事人自行约定合同采用书面形式的，也应当采用书面形式。

（3）其他形式。

其他形式是指采用除口头形式、书面形式以外的方式来表现合同内容的形式，包括推定和沉默两种。

（三）合同的订立过程

当事人订立合同，应当具备相应的资格，即具有相应的民事权利能力和民事行为能力。民事权利能力，是当事人作为民事主体能够享有民事权利和承担民事义务的资格。民事行为能力，是民事主体能够以自己的行为享有民事权利和承担民事义务的能力。当事人依法可以委托代理人订立合同。

当事人订立合同，采取要约、承诺的方式进行。当事人意思表示真实一致时，合同即可成立。

1. 要约

（1）要约的概念和有效条件。

要约是指希望和他人订立合同的意思表示。要约可以向特定人发出，也可以向非特定人发出。根据《合同法》规定，要约应当符合以下规定。

第一，内容具体确定，即表达出订立合同的意思，并包括一经承诺合同即可成立的各项基本条款。

第二，表明经受要约人承诺，要约人即受该意思表示约束。

（2）要约与要约邀请的区别。

要约邀请是希望他人向自己发出要约的意思表示，不属于订立合同的行为。寄送的价目表、拍卖公告、招标公告招股说明书、商业广告等，性质为要约邀请。但如商业广告的内容符合要约的规定，如悬赏广告，则视为要约。

（3）要约的生效时间。

要约到达受要约人时生效。《合同法》规定，采用数据电文形式订立合同，收件人指定特定系统接收数据电文的，该数据电文进入该特定系统的时间，视为到达时间；未指定特定系统的，该数据电文进入收件人的任何系统的首次时间，视为到达时间。《中华人民共和国民法总则》（以下简称《民法总则》）第137条规定：以对话方式做出的意思表示，相对人知道其内容时生效。以非对话方式做出的意思表示，到达相对人时生效。以非对话方式做出的采用数据电文形式的意思表示，相对人指定特定系统接收数据电文的，该数据电文进入该特定系统时生效；未指定特定系统的，相对人知道或者应当知道该数据电文进入其系统时生效。当事人对采用数据电文形式的意思表示的生效时间另有约定的,按照其约定。

（4）要约的撤回和撤销。

第一,要约可以撤回。撤回要约的通知应当在要约到达受要约人之前或者与要约同时到达受要约人。

第二,要约可以撤销。撤销要约的通知应当在受要约人发出承诺的通知之前到达受要约人。但有下列情形之一的,要约不得撤销。

①要约人确定了承诺期限或者以其他形式明示要约不可撤销。

②受要约人有理由认为要约是不可撤销的,并已经为履行合同作了准备工作。

（5）要约的失效。

有下列情形之一的,要约失效。

第一,拒绝要约的通知到达要约人。

第二,要约人依法撤销要约。

第三,承诺期限届满,受要约人未做出承诺。

第四,受要约人对要约的内容做出实质性变更。

2. 承诺

（1）承诺的概念和有效条件。

承诺是受要约人同意要约的意思表示。承诺一般应符合下列有效条件。

第一,承诺应当由受要约人做出。承诺应当由受要约的特定人或非特定人向要约人以通知的方式做出,通知的方式依要约要求可以是口头或书面形式,但根据交易习惯或者要约表明可以通过行为做出承诺的除外,如受要约人根据交易习惯做出履行行为等。

第二,承诺应当在承诺期限内到达。承诺应当在要约确定的期限内到达要约人。要约没有确定承诺期限的,承诺应当依照下列规定到达:一是要约以对话方式做出的,应当即时做出承诺但当事人另有约定的除外;二是要约以非对话方式做出的,承诺应当在合理期限内到达。所谓合理期限,是指依通常情形可期待承诺到达的期间,一般包括要约到达受要约人的期间受要约人做出承诺的期间承诺通知到达要约人的期间。要约以信件或者电报做出的,承诺期限自信件载明的日期或者电报交发之日开始计算。信件未载明日期的,自投寄该信件的邮戳日期开始计算。要约以电话、传真等快速通讯方式做出的,承诺期限自要约到达受要约人时开始计算。

第三,承诺的内容应当与要约的内容一致。受要约人对要约的内容做出实质性变更的,为新要约。有关合同标的、数量、质量价款或者报酬履行期限、履行地点和方式、违约责任和解决争议方法等内容的变更,是对要约内容的实质性变更。承诺对要约的内容做出非实质性变更的,除要约人及时表示反对或者要约表明承诺不得对要约的内容做出任何变更的以外,该承诺有效,合同的内容以承诺的内容为准。

（2）承诺的法律效力。

承诺的法律效力表现为,承诺生效时合同成立。承诺自通知到达要约人时生效。承诺不需要通知的,根据交易习惯或者要约的要求做出承诺的行为时生效。

（3）承诺的撤回。

承诺人发出承诺后反悔的,可以撤回承诺,其条件是撤回承诺的通知应当在承诺通知到达要约人之前或者与承诺通知同时到达要约人,即在承诺生效前到达要约人。

（4）逾期承诺的效力。

第一,受要约人超过承诺期限发出承诺的,为迟延承诺,除了要约人及时通知受要约人该承诺是有效的以外,应视为新要约。

第二,受要约人在承诺期限内发出承诺,按照通常情形能够及时到达要约人,但因其他原因使承诺到达要约人时超过承诺期限的,除要约人及时通知受要约人因承诺超过期限不接受该承诺的以外,该承诺有效。

3. 合同成立的时间和地点

（1）合同成立的时间。

合同成立时间,应视具体情况而定。一般自承诺生效时成立。其中:①当事人采用合同书形式订立合同的,自双方当事人签字或者盖章时合同成立;②当事人采用信件、数据电文等形式订立合同的,可以在合同成立之前要求签订确认书。签订确认书时合同成立;③合同为实践合同(要物合同)时,应以交付标的物的时间为合同成立的时间。

（2）合同成立的地点。

关于合同成立地点,《合同法》第34条规定,承诺生效的地点为合同成立的地点。其中:①当事人采用合同书形式订立合同的双方当事人签字或盖章的地点为合同成立的地点;②当事人采用数据电文形式订立合同的,收件人的主营业地为合同成立的地点;没有主营业地的,其经常居住地为合同成立的地点。当事人另有约定的除外。《合同法》司法解释(二)第4条进一步明确,采用书面形式订立合同,合同约定的签订地与实际签字或者盖章地点不符的,人民法院应当认定约定的签订地为合同签订地；合同没有约定签订地，双方当事人签字或者盖章不在同一地点的，人民法院应当认定最后签字或者盖章的地点为合同签订地。

（3）实际履行与合同成立的关系。

《合同法》规定了两种特殊情况下对合同成立的确认：①法律、行政法规规定或者当事人约定采用书面形式订立合同，当事人未采用书面形式，但一方已经履行主要义务，对方接受的，该合同成立；②采用合同书形式订立合同，在签字或者盖章之前，当事人一方已经履行主要义务，对方接受的，该合同成立。在这两种特殊情况下，虽然合同的成立在形式要件上不够完备，但当事人已通过为对方接受的对合同的实际履行行为，表明合同已经成立。

4.缔约过失责任

（1）缔约过失责任的概念和构成要件。

缔约过失责任是指在订立合同过程中，方当事人违反诚实信用原则，导致另一方当事人遭受损失而承担的责任。缔约过失责任构成要件是：

第一，有损失存在，主要指信赖利益损失。

第二，行为人有过错，表现为违背诚实信用原则。

第三，过失行为与损失之间有因果关系。

（2）缔约过失责任的情形。

依据《合同法》的规定，缔约过失责任主要有三种情形。

第一，假借订立合同，恶意进行磋商。

第二，故意隐瞒与订立合同有关的重要事实或提供虚假情况。

第三，有其他违背诚实信用原则的行为。

（3）缔约过失责任与违约责任的区别。

缔约过失责任与违约责任的区别表现在。

第一，违反的义务不同。违约责任违反的是合同义务，缔约过失责任违反的是先契约义务。

第二，责任方式不同。违约责任既有赔偿损失，也有支付违约金及其他责任方式，而缔约过失责任只有赔偿损失。

第三，责任依据不同。违约责任具有约定性，而缔约过失责任是法定的。

二、合同的审查

西方有句谚语："财富的一半来自合同"。合同作为企业从事民商事行为的书面凭证，其起草和审查的结果，直接影响到企业权利义务的承担,决定了企业在其可控范围内能否有效保障其自身合法权益。依法订立和生效的合同,不仅是当事人履行合同的依据,而且也是司法机关或仲裁机构裁定当事人承担法律责任的依据。企业有效防范合同风险,应该从合同的审查开始。

(一)合同审查的概念

有"预防之父"美称的美国路易·M.布朗教授曾说,法律预防是法律服务的必然,较之与法律治疗重要得多。企业合同纠纷的出现,不仅给各方当事人带来了直接的经济损失和不守信用等消极影响,而且公司为了解决这些纠纷,还得花费相当的人力、财力和时间等各种成本。鉴于其所带来的消极影响,要做到防患于未然,消灭纠纷于萌芽之中,有必要树立事前防范、事中控制、事后救济的立约观念,坚持在签订合同时进行规范、有效的法律审查,以实现运用法律手段有效的维护企业的合法权益。[①]

所谓合同审查,是指从法律方面对企业合同通过检查、核对、分析等方法,就合同中存在的法律问题及其他缺陷进行的法律把关。通过对企业合同进行法律审查,可以发现合同中的某些问题,减少和避免在履行合同的过程中产生不必要的分歧和争议。

(二)合同审查的意义

合同审查是合同正式签订前的必经程序,是从法律等多方面为企业合同把好关。它是合同管理部门或相关部门的一项重要的日常工作,并且因企业而异。有的企业主要由财务部门来审查,有的企业由行政管理部来审查,而由专门设立的合同管理部门进行法律审查就比较专业。对于企业管理体制健全的企业,合同一般经过财务审查、技术审查和法律审查,财务部门、技术部门和法务部门各负其责,从不同角度去审查合同的不同方面。

一般来说,合同审查是针对合同草案而言的,它不仅要审查合同的合法性、真实性,而且还要求根据国家有关法律规定和本企业的内控制度,做到签订合同与审查合同有机有效地结合起来,以确保企业签订的合同选择最佳方式,获得好的效益,实现签订合同的目的。同时,通过对合同进行审查,具备发现、分析和预防以及化解风险的功能。审查合同可以发现合同中的某些问题,减少和避免在履行的过程中产生不必要的分歧和

---

① 蔡世军.企业合同审查法律实务[M].北京:中国法制出版社,2012.

争议,提高合同履约率,即使因为某种特殊原因发生了违约或者争议的情况,也可以比较顺利地解决问题,得到必要的补偿,避免或者减少损失的发生。

（三）合同审查的基本原则

1. 合法有效原则

合同一定要合法,这是合同的关键和核心。合同当事人订立的合同要想具有法律效力,必须在合法的前提下,否则,将因为违法而达不到交易之目的。合同在审查中应当注意,除了国家法律、国务院行政法规、国务院所属部门规章外,还存在大量的地方性法规、自治条例、单行条例及地方政府规章。这些地方性法规及各类规章未必导致合同无效,但可能导致当事人受到行政处罚或承担不利的诉讼结果,合同合法性审查必须对相关的法律法规进行充分的调查和分析。

2. 对等平衡原则

在交易过程中,具有优势地位的一方为了己方利益而在合同中予以体现是完全正当的,否则,其优势地位将被白白浪费,但是各方权利义务的设定要保持基本平衡,合同起草人最易了解双方的利益平衡点,并需要正确处理好这个"度",寻求各方共赢,否则,所起草的合同会由于显失公平而被撤销或者被束之高阁达不到交易目的。因此,最好的方式是寻求权利义务基本平衡,实现多方共赢。

3. 具体明确原则

内容明确、条款齐备是合同文本最起码的要求,如果合同文本对交易内容反映不够明确、清晰或者缺少必要的条款,将会使合同文本不能反映交易实质,给将来的合同履行以及法律救济埋下隐患,产生一些不必要的合同纠纷。合同一般应有以下条款:当事人的名称或者姓名和住所;标的;数量;质量;价款或者报酬;履行期限、地点和方式;违约责任;解决争议的方法以及其他约定等基本或必备的要素。结构安排上有逻辑并符合习惯、惯例。体例严谨,章、条、款、项,根据实际情况灵活处理。各条款前后照应、配合严密、表述清晰。

4. 可操作性原则

实现合同可操作性是合同得以完成交易和实现利益均衡的具体保证,但在实践中,很多公司由于法律意识薄弱,过于看重"朋友情谊""君子协定"，所签订的合同常常缺乏可操作性。具体表现在：对合同各方权利的规定过于抽象；对合同各方的义务规定不明确、不具体；虽对各方的权利义务做了详细规定但却没有具体操作程序条款或对此规定不清；虽规定了损失赔偿但却没有计算依据，整个交易程序不清晰，合同用语不确切；等等。合同可操作性问题的解决没有捷径，应当尽量详细，使各方违约责任与其义务相一致并落到实处。尤其像建设工程合同、合作开发房地产合同等履行周期长、影响因素多、风险大的合同，更要注意合同条款约定的可操作性。

（四）企业合同审查流程

不管是企业内部法务人员还是外部律师对企业合同进行审查，都必须遵循一定的工作流程，以规范合同审查行为，保证合同审查的准确性和科学性。企业需要审查的合同草案主要来源有两个：一是本企业负责起草的合同草案；二是对方当事人提供的合同草案。合同草案不管来自于哪一方，都需要遵循同样的审查流程和管理流程。

合同审查的部门根据合同复杂程度或标的大小，可能会涉及不同的部门。对于标的较小、内容简单的合同，一般由企业内部法务部门审查之后即可交给业务部门签署，但如果是内容复杂、标的较大，或者是根据企业新的业务拟定的新型合同，一般涉及多个部门，例如业务承办部门、审计部门、法务部门、财务部门等，有时还需要外部律师提供法律意见进行确认。

对于一个大型企业集团而言，由总部的法律服务机构审查所有拟签订的合同草案，既不现实，也不高效。因此，对于大型企业而言，建立分级管理的合同审查机制非常重要。如何判断哪些合同属于下属单位的法务人员自行审查范围，哪些合同是必须由企业总部的法务人员审查的范围，是确定合同审查流程的一个前提。一般来说，下列合同应该有集团本部法务部门进行审查。[①]

（1）集团公司本部签署的经济合同或技术合同。

（2）所属企业签订的利用外资合同。

（3）所属企业资产抵押、转让、出售、收购、租赁合同。

（4）所属企业对外担保合同。

（5）所属企业合并、兼并、联营合同。

（6）所属企业涉及的土地使用权转让合同、投资合同。

---

① 蔡世军.企业合同审查法律实务[M].北京：中国法制出版社，2012.

（7）所属企业拟签订的标的超过集团公司规定的数额之上的合同。

（8）其他重大或所属企业认为有必要由集团公司本部审查的合同。

确定合同审查分级管理制度后,企业还需要确定合同审查的工作流程。一般来说,企业内部的业务部门先根据格式文本或过去使用过的合同起草并提出一个合同草案,并说明本次合同签订欲达到的目的和合同要点所在,然后呈送合同审查部门对合同草案进行审查,合同审查部门一般是法务部门。法务部门对合同草案进行修改完善,并对合同条款进行补充,以保证合同的完整性和合法性,并预防潜在法律风险。如果是数额较大、涉外合同或新型合同,还要由公司财务部门对合同中涉及的财务条款进行审查,以保证财务条款能够实际履行,且不违反公司内部的财经制度和银行支付的要求。最后法务部门在根据业务部门和财务部门的意见进行最后修改,以确定最终合同文本。因此,可以将企业合同审查流程简化为以下几个步骤。

1. 申请合同审查并提交相关材料

公司业务部门或拟签订合同部门向公司法务部门进行合同送审登记,并填写合同审查申请表。

合同审查申请表上儒要写明合同标的、合同拟签订时间、希望合同审查截止时间、合同承办人、联系方式等信息,并将签订本次合同有关的信息资料附随之后,作为合同审查部门了解合同背景进行审查确认的必要文件。

2. 法务部门初步审查

企业法务部门工作人员对送审合同进行初步审查,进行完善和修订,并出具合同审查法律意见。

3. 相关部门联合审查

企业法务部门完成初步审查后,根据初审结果判断是否进入进一步审查程序, 如属于普通合同,企业法务部门负责人复审并签署审查意见就可以发还申请部门。如属于疑难内容,则需要报请外部律师进行进一步审查确认,并出具法律意见书。如属于重大合同,则需要报请企业领导并建议召集业务部门、法律部门、审计部门、财务部门等相关部门进行集体会审,法律部门根据会审意见出具法律审查意见。

4. 返还送审业务部门

企业法务部门审查完毕后,通知送审部门领取合同审查法律意见。

5.变更修改送审程序

对于已经审查完毕的企业合同草案,如果需要变更或修改,还需要按照以上流程重新进行。

6.审核签署

法律部门结束审核后,应将法律意见书、其他审核机构意见书连同合同草案退还合同承办人,由合同承办人报送法定代表人或授权代表审核签署。

第三节　合同的变更与转让

依法成立的合同,受法律保护,对当事人具有法律约束力。当事人应当按照合同约定履行自己的义务,不得擅自变更或者解除合同。但合同订立之后,也可能发生一些当事人订立合同时未及预料的情况,影响到当事人订立合同目的的实现,需要依法进行调整,因此,便出现了合同的变更与转让。

一、合同的变更

合同变更是指合同内容的改变。依《合同法》第77条和第78条的规定,合同变更应符合以下要求:①当事人之间原已存在合同关系;②合同当事人不变的情况下,合同内容发生变化。如果当事人对合同变更的内容约定不明确,推定为未变更;③变更合同既可以依法律规定,又可以依当事人的约定;④合同变更必须遵守法律要求的方式。法律、行政法规规定变更合同应当办理批准、登记等手续的,依照其规定。①

二、合同的转让

合同转让是指合同当事人的改变,即合同权利义务的改变。

(一)合同权利的转让

根据《合同法》第79条第80条及第81条的规定,债权人可以将合

① 李裕琛. 经济法律基础 [M]. 北京:中央广播电视大学出版社,2017.

同权利的全部或部分转让给第三人,债权人转让权利时,应当及时通知债务人,否则,该转让对债务人不发生效力。受让人即新债权人在取得主债权的同时,亦取得与主债有关的从权利,但专属于债权人自身的从权利除外。另外,有下列情形之一的债权不能转让:①根据合同性质不得转让的债权;②根据当事人约定不得转让的债权;③依照法律规定不得转让的债权。

（二）合同义务的转让

根据《合同法》第84条、第85条及第86条的规定,经债权人同意,债务人可以将合同义务的全部或部分转移给第三人,新债务人应当承担与主债有关的从债,但专属于原债务人自身的从债及未经担保人同意的担保从债除外。另外,新债务人取得债务后,可以主张原债务人对债权人的抗辩。

（三）合同权利义务的概括转让

《合同法》第88条规定,当事人一方经对方同意,可以将自己在合同中的权利和义务一并转让给第三人。权利义务一并转让的,适用《合同法》第79条第81条至第83条、第85条至第87条的规定。

第四节 合同权利与义务的终止

合同的权利义务终止又称为合同的消灭,是指由于一定的法律事实的发生,使合同所设定的权利义务关系在客观上已不再存在。根据《合同法》第91条的规定,引起合同消灭的原因有下述几种。

一、债务已经按照约定履行

债务已经按照约定履行,又称为清偿。履行是实现合同目的、满足债权人利益的行为,债务一经履行,合同即因达到其目的而消灭。

二、合同解除

合同解除是指在合同有效成立以后,因当事人一方的意思表示或双方的协议,使基于合同而发生的债权债务关系归于消灭的行为。分为约定解除和法定解除两种。

(一)约定解除

约定解除,是指解除条件由当事人约定的合同解除,又分为约定解除权的解除和协商解除权的解除两种。

(1)约定解除权的解除,是指当事人可以约定一方解除合同的条件,解除合同的条件成就时,解除权人可以解除合同,属单方解除。

(2)协商解除权的解除,是指当事人协商一致,可以解除合同,属双方解除。

(二)法定解除

法定解除,是指解除条件由法律直接规定的合同解除。《合同法》第94条规定,有下列情形之一的,当事人可以解除合同。

(1)因不可抗力致使不能实现合同目的。

(2)在履行期限届满之前,当事人一方明确表示或以自己的行为表明不履行主要债务。

(3)当事人一方迟延履行主要义务,经催告后在合理期限内仍未履行。

(4)当事人一方迟延履行债务或有其他违约行为致使不能实现合同目的。

(5)法律规定的其他情形。

无论约定解除还是法定解除,当事人都应在解除权的行使期限内行使,期限届满当事人不行使解除权的,该权利消灭。依《合同法》第96条的规定,当事人行使解除权应采用通知的方式行使。合同自通知到达对方时解除。对方有异议的,可以请求人民法院或仲裁机构确认解除合同的效力。法律、行政法规对解除方式另有规定的除外。合同解除后,尚未履行的,终止履行;已经履行的,根据履行情况和合同性质,当事人可以要求恢复原状、采取其他补救措施,并有权要求赔偿损失。

三、债务相互抵销

抵销是指当事人互负债务时,各以其债权充当债务之清偿,而使其债务与对方的债务在对等额内相互消灭。分法定抵销和合意抵销两种。

（一）法定抵销

根据《合同法》第 99 条的规定,法定抵销是指当事人互负到期债务,且该债务的标的物种类、品质相同,任何一方均可以将自己的债务与对方的债务抵销。其构成要件是:①须当事人双方互负到期债务;②须债务的标的物种类、品质相同;③须双方债务均届清偿期;④双方债务均非不能抵销的债务。另外,主张抵销的当事人,应采用通知方式行使抵销权。

（二）合意抵销

合意抵销又称"约定抵销"。依《合同法》第 100 条的规定,当事人互负债务,且标的物种类、品质不相同的,经双方协商一致,也可以抵销。

四、债务人依法将标的物提存

提存是指由于债权人的原因而无法向其交付标的物时,债务人将该标的物交有关部门保存而消灭合同关系的行为。在我国目前的提存机关是公证机关。根据《合同法》第 101 条的规定,有下列情形之一,难以履行债务的,债务人可以将标的物提存。

（1）债权人无正当理由拒绝受领。

（2）债权人下落不明。

（3）债权人死亡未确定继承人,或丧失民事行为能力未确定监护人。

（4）法律规定的其他情形。

标的物提存后,毁损、灭失的风险由债权人承担,提存费用也由债权人负担。为维护债权人利益,《合同法》第 101 条第 2 款规定,标的物不适于提存或提存费用过高的,债务人依法可以拍卖或变卖标的物,提存所得的价款。标的物提存后,除债权人下落不明的以外,债务人应当及时通知债权人或债权人的继承人、监护人。接到提存通知后,债权人在提存权的行使期限即自提存之日起 5 年内可以随时领取提存物,但据《合同法》第 104 条规定,如果债权人对债务人负有到期债务的,在债权人未履行其债务或未提供担保之前提存部门根据债务人的要求应当拒绝该债权人领取提存物。

五、债权人免除债务

免除是债权人放弃债权从而消灭合同效力的行为。《合同法》第 105 条规定,债权人免除债务人部分或全部债务的,合同的权利义务部分或全部终止。依此规定,免除是单方法律行为,自向债务人为免除的意思表示后,即产生合同消灭的效果。

六、债权债务同归人

债权债务同归一人,又称为"混同"。《合同法》第 106 条规定,债权债务同归一人的,合同的权利义务终止,但涉及第三人利益的除外。[①]

混同发生的原因有以下两种。

(1)概括承受。这是发生混同的主要原因,例如法人合并、债务人继承债权人的债权等。

(2)特定承受。即债务人受让债权人的债权,债权人承受债务人的债务,此时债务也因混同而消灭。

第五节　合同的违约责任

一、违约责任的概念和特征

违约责任是指合同当事人不履行合同义务所应承担的法律后果。违约责任具有以下特征。

(1)违约责任主要是一种财产责任。

(2)违约责任是当事人不履行合同义务时所产生的民事责任。

(3)在法律允许范围内,违约责任可以由当事人约定。

(4)在一般情况下,违约责任是违约方向对方承担的民事责任;在某些特殊情况,违约责任也可以向特定的第三人承担,如:货物运输合同。

---

① 许广义,郭靖超,董兴佩等.经济法[M].哈尔滨:哈尔滨工程大学出版社,2018.

二、违约责任的方式

（一）继续履行

继续履行是指违反合同的当事人不论是否已经承担赔偿或违约责任，都必须根据对方的要求，在自己能够履行的条件下，对原合同未履行的部分继续履行。继续履行带有强制性，只有在下列情形下，才可以不继续履行：①法律上或事实上不能履行；②债务的标的不适于强制履行或履行费用过高；③债权人在合理期限内未要求履行。《合同法》第 109 条至第 110 条对继续履行做了规定。依规定，当事人一方未支付价款或报酬的，对方可以要求其支付价款或报酬；当事人一方不履行非金钱债务或履行非金钱债务不符合约定的，对方可以要求履行。

（二）采取补救措施

采取补救措施是违反合同的事实发生后，为防止损失发生或继续扩大，而由违反合同的行为人采取修理、重做、更换等措施，以给权利人弥补或挽回损失的责任形式。《合同法》第 111 条对该责任形式做了规定。采取补救措施并不免除赔偿损失、违约金等责任。

（三）赔偿损失

赔偿损失是一方当事人违反合同造成对方损失时，应以其相应价值的财产予以补偿。依《合同法》第 113 条规定，应当赔偿的损失是合理预见到的损失，即损失赔偿额应当相当于因违约所造成的损失，包括合同履行后可以获得的利益，但不得超过违反合同一方订立合同时，预见到或应当预见到的因违反合同可能造成的损失。

根据诚实信用原则，债权人在请求违约方赔偿损失时，应尽减损义务，所谓减损义务指防止损失扩大的义务。依《合同法》第 119 条规定，当事人一方违约后，对方应当采取适当措施防止损失的扩大；没有采取适当措施致损失扩大的，不得就扩大的损失要求赔偿。损失赔偿额除依法确定外，也可以约定。

（四）违约金

违约金，也称"违约罚金"，是指当事人违反合同，依法律规定或约定给对方支付一定数额金钱的责任形式。分法定违约金和约定违约金两种。一般情况下,违约金的给付,应当由当事人约定,但法律有强制性规定时,应当依法律规定。

《合同法》第114条规定,当事人可以约定一方违约时,应当根据违约情况向对方支付一定数额的违约金,约定的违约金低于造成的损失的,当事人可以请求人民法院或仲裁机构予以增加;约定的违约金过分高于造成的损失的,当事人可以请求人民法院或仲裁机构予以适当减少。根据《合同法》司法解释(二)第28条规定,当事人依照合同法请求人民法院增加违约金的,增加后的违约金数额以不超过实际损失额为限。增加违约金以后,当事人又请求对方赔偿损失的,人民法院不予支持。当事人主张约定的违约金过高请求予以适当减少的,人民法院应当以实际损失为基础,兼顾合同的履行情况、当事人的过错程度以及预期利益等综合因素,根据公平原则和诚实信用原则予以衡量,并做出裁决。当事人约定的违约金超过造成损失的30%的,一般可以认定为合同法规定的"过分高于造成的损失"。

(五)定金

定金是合同当事人一方预先支付给对方的款项,其目的在于担保合同债权的实现,属于从债。当事人可以依《中华人民共和国担保法》约定一方向另一方给付定金作为债权的担保。《合同法》第115条规定,债务人履行债务后,定金应当抵作价款或收回。给付定金一方不履行约定的义务的,无权要求返还定金;收受定金的一方不履行约定的义务的,应当双倍返还定金。如果当事人既约定了违约金,又约定了定金,一方违约时,对方可以选择适用违约金或定金条款。

三、免责事由

免责事由,是指当事人约定或者法律规定的债务人不履行合同时,可以免除承担违约责任的条件与事项。《合同法》规定的一般免责事由为不可抗力,其他法律对特定合同免责事由有规定的,适用于特定合同。当事人可以在合同中自愿约定合理的免责条款。

不可抗力,是指不能预见、不能避免并不能克服的客观情况。因不可抗力不能履行合同的,根据不可抗力的影响,部分或者全部免除责任,但法律另有规定的除外。当事人迟延履行后发生不可抗力的,不能免除责任。当事人一方因不可抗力不能履行合同的,应当及时通知对方,以减轻可能给对方造成的损失,并应当在合理期限内提供证明。

四、时效

因国际货物买卖合同和技术进出口合同争议提起诉讼或者申请仲裁的期限为 4 年,自当事人知道或者应当知道其权利受到侵害之日起计算。因其他合同争议提起诉讼或者申请仲裁的期限,依照有关法律的规定。

第六章　现代化经济体系建设中的劳动合同与社会保险法律制度

第一节　劳动合同法

一、劳动关系与劳动合同

(一)劳动关系与劳动合同的概念

劳动关系是指劳动者与用人单位依法签订劳动合同而在劳动者与用人单位之间产生的法律关系。

劳动合同是劳动者与用人单位之间依法确立劳动关系,明确双方权利义务的书面协议。

(二)劳动关系的特征

与一般的民事关系不同,劳动关系有其自身独有的特征。

(1)劳动关系的主体具有特定性。劳动关系主体的一方是劳动者,另一方是用人单位。

(2)劳动关系的内容具有法定性。因劳动合同涉及财产和人身关系,劳动者在签订劳动合同后,就会隶属于用人单位,受到用人单位的管理。为了保护处于弱势的劳动者的权益,法律规定了较多的强制性规范,当事人签订劳动合同不得违反强制性规定,否则无效。

(3)劳动者与用人单位在签订和履行劳动合同时的地位是不同的。劳动者与用人单位在签订劳动合同时,双方法律地位是平等的;一旦双方签订了劳动合同,在履行劳动合同的过程中,用人单位和劳动者就具有了支配与被支配、管理与服从的从属关系。

（三）劳动合同法的适用范围

1. 企业、个体经济组织、民办非企业单位等组织

除列举的企业、个体经济组织、民办非企业单位三类组织外，其他组织与劳动者建立劳动关系，也适用本法。这三类组织以外的组织如会计师事务所、律师事务所等，它们的组织形式比较复杂，有的采取合伙制，有的采取合作制，它们不属于本条列举的任何一种组织形式，但他们招用助手、工勤人员等，也要签订劳动合同，因此也适用本法。

2. 国家机关、事业单位和社会团体

（1）国家机关。国家机关录用公务员和聘任制公务员，适用公务员法，不适用本法。国家机关招用工勤人员，需要签订劳动合同，所以要适用劳动合同法。

（2）事业单位。一种是实行企业化管理的事业单位，这类事业单位与职工签订的是劳动合同。还有一种事业单位（如医院、学校、科研机构等），与有的劳动者签订的是聘用合同，也要按照劳动法的相关规定执行。

（3）社会团体。社会团体的情况也比较复杂。如果用人单位与劳动者订立的是劳动合同，就按照劳动法进行调整。

二、劳动合同的订立

（一）劳动合同订立的概念和原则

劳动合同的订立是指劳动者和用人单位经过相互选择与平等协商，就劳动合同的各项条款达成一致意见，并以书面形式明确规定双方权利、义务的内容，从而确立劳动关系的法律行为。

订立劳动合同，应当遵循合法、公平、平等自愿、协商一致、诚实信用的原则。

（二）劳动合同订立的主体

劳动合同订立的主体是指谁有权订立劳动合同。具体地说，即劳动者和用人单位。

1. 劳动合同订立主体的资格要求

（1）劳动者有劳动权利能力和行为能力。

根据《劳动法》的规定，我国禁止用人单位招用未满 16 周岁的公民就业，否则将承担相应的法律责任。对有可能危害未成年人健康、安全或道德的职业或工作，《劳动法》规定劳动者的年龄不应低于 18 周岁。文艺、体育和特种工艺单位招用未满 16 周岁的未成年人必须依照国家有关规定。履行审批手续，并保障其接受义务教育的权利。

劳动者就业，不因民族、种族、性别、宗教信仰不同而受歧视。妇女享有与男子平等的就业权利。在录用职工时，除国家规定的不适合妇女的工种或者岗位外，不得以性别为由拒绝录用妇女或者提高对妇女的录用标准。残疾人、少数民族人员、退役军人的就业，法律法规有特别规定的，从其规定。

（2）用人单位有用人权利能力和行为能力。

用人单位设立的分支机构，依法取得营业执照或者登记证书的，可以作为用人单位与劳动者订立劳动合同；未依法取得营业执照或者登记证书的，受用人单位委托可以与劳动者订立劳动合同。

2. 劳动合同订立主体的义务

（1）用人单位的责任和义务。用人单位招用劳动者时，应当如实告知劳动者工作内容、工作条件、工作地点、职业危害、安全生产状况、劳动报酬，以及劳动者要求了解的其他情况。不得扣押劳动者的居民身份证和其他证件，不得要求劳动者提供担保或者以其他名义向劳动者收取财物。

用人单位违反劳动合同法规定，扣押劳动者居民身份证等证件的，由劳动行政部门责令限期退还劳动者本人，并依照有关法律规定给予处罚。用人单位以担保或者其他名义向劳动者收取财物的，由劳动行政部门责令限期退还劳动者本人，并以每人 500 元以上 2 000 元以下的标准处以罚款；给劳动者造成损害的，应当承担赔偿责任。

（2）劳动者的义务。劳动者的义务指劳动者必须履行的义务。最基本的义务是完成劳动任务。再如，提高职业技能、执行劳动安全卫生规程、遵守劳动纪律、遵守职业道德等。用人单位有权了解劳动者与劳动合同直接相关的基本情况，劳动者应当如实说明。

（三）劳动关系建立的时间

用人单位自"用工"之日起即与劳动者建立了劳动关系。用人单位与劳动者在"用工"前订立劳动合同的,劳动关系自用工之日起建立。

根据以上规定,即使用人单位没有与劳动者订立劳动合同,只要用人单位对该劳动者存在用工行为,则双方之间就建立了劳动关系,劳动者就享有劳动法律、法规规定的权利。

用人单位应当建立职工名册备查。职工名册应当包括劳动者姓名、性别、居民身份证号码、户籍地址及现住址、联系方式、用工形式、用工起始时间、劳动合同期限等内容。

用人单位违反劳动合同法有关建立职工名册规定的,由劳动行政部门责令限期改正;逾期不改正的,由劳动行政部门处 2 000 元以上 2 万元以下的罚款。

(四)劳动合同订立的形式

1.书面形式

实践中,有的用人单位和劳动者虽已建立劳动关系,但迟迟未能订立书面劳动合同,非常不利于劳动关系的法律保护。为此,劳动合同法区分不同情况进行了较为严格的规范,如表6–1所示。

表 6–1 先建立劳动关系后签订书面劳动合同的处理

情形		用人单位的处理
自用工之日起 1 个月内	订立书面劳动合同	合法、依法履行劳动合同即可
	经用人单位书面通知,劳动者不与用人单位订立书面合同	用人单位应当书面通知劳动者终止劳动关系;无须向劳动者支付经济补偿;但是应当依法向劳动者支付其实际工作时间的劳动报酬
用工之日起超过 1 个月不满 1 年	用人单位与劳动者补订劳动合同	应当向劳动者每月支付 2 倍的工资;起算时间为用工之日起满 1 个月的次日,截止时间为补订劳动合同的前一日
	劳动者不与用人单位订立书面劳动合同	用人单位应当书面通知劳动者终止劳动关系,并支付经济补偿
用工之日起满 1 年	用人单位未与劳动者订立书面劳动合同	视为自用工之日起满 1 年的当日已经与劳动者订立无固定期限劳动合同,应当立即与劳动者补订书面劳动合同;自用工之日起满 1 个月的次日至满 1 年的前 1 日应当向劳动者每月支付 2 倍的工资(共计 11 个月)

2.口头形式

非全日制用工双方当事人可以订立口头协议。

非全日制用工是指以小时计酬为主,劳动者在同一用人单位一般平均每日工作时间不超过 4 小时、每周工作时间累计不超过 24 小时的用工形式。非全日制用工双方当事人不得约定试用期。

非全日制用工双方当事人任何一方都可以随时通知对方终止用工。终止用工时,用人单位不向劳动者支付经济补偿。

非全日制用工小时计酬标准不得低于用人单位所在地人民政府规定的最低小时工资标准。用人单位可以以小时、日或周为单位结算工资,但非全日制用工劳动报酬结算支付周期最长不得超过 15 日。

(五)劳动合同的效力

1. 劳动合同的生效

劳动合同由用人单位与劳动者协商一致,并经用人单位与劳动者在劳动合同文本上签字或者盖章生效。

劳动合同的生效时间与劳动关系建立时间不同。劳动关系的建立以实际用工为标志;劳动合同生效后,若没有发生实际用工,则劳动关系并没有建立。双方可以先在劳动合同文本上签字或者盖章,劳动合同相应生效,而后再实际用工,劳动关系于实际用工之日起建立;也可以先实际用工(先建立劳动关系),而后双方再在合同文本上签字或盖章(劳动合同生效)。

2. 劳动合同无效或者部分无效

无效劳动合同是指由用人单位和劳动者签订成立,而国家不予承认其法律效力的劳动合同。劳动合同虽然已经成立,但违反了平等自愿、协商一致、诚实信用、公平等原则和法律、行政法规的强制性规定,可使其全部或者部分条款归于无效。

下列劳动合同无效或者部分无效。

(1)以欺诈、胁迫的手段或者乘人之危,使对方在违背真实意思的情况下订立或者变更劳动合同的。

(2)用人单位免除自己的法定责任、排除劳动者权利的。

(3)违反法律、行政法规强制性规定的。对劳动合同的无效或者部分无效有争议的,由劳动争议仲裁机构或者人民法院确认。

3. 无效劳动合同的法律后果

(1)无效劳动合同,从订立时起就没有法律约束力;劳动合同部分无效,不影响其他部分效力的,其他部分仍然有效。

（2）劳动合同被确认无效，劳动者已付出劳动的，用人单位应当向劳动者支付劳动报酬。劳动报酬的数额，参照本单位相同或者相近岗位劳动者的劳动报酬确定。

（3）劳动合同被确认无效，给对方造成损害的，有过错的一方应当承担赔偿责任。

三、劳动合同的履行和变更

（一）劳动合同的履行

劳动合同的履行是指劳动合同生效后，当事人双方按照劳动合同的约定，完成各自承担的义务和实现各自享受的权利，使当事人双方订立合同的目的得以实现的法律行为。

1. 用人单位与劳动者应当按照劳动合同的约定全面履行各自的义务

（1）用人单位应当按照劳动合同约定和国家规定，向劳动者及时足额支付劳动报酬。

用人单位拖欠或者未足额支付劳动报酬的，劳动者可以依法向当地人民法院申请支付令，人民法院应当依法发出支付令。

用人单位未按照劳动合同的约定或者国家规定及时足额支付劳动者劳动报酬的，由劳动行政部门责令限期支付；逾期不支付的，责令用人单位按应付金额 50% 以上 100% 以下的标准向劳动者加付赔偿金。

（2）用人单位应当严格执行劳动定额标准，不得强迫或者变相强迫劳动者加班。用人单位安排加班的，应当按照国家有关规定向劳动者支付加班费。

（3）劳动者拒绝用人单位管理人员违章指挥、强令冒险作业的，不视为违反劳动合同。劳动者对危害生命安全和身体健康的劳动条件，有权对用人单位提出批评、检举和控告。

（4）用人单位变更名称、法定代表人、主要负责人或者投资人等事项，不影响劳动合同的履行。

（5）用人单位发生合并或者分立等情况，原劳动合同继续有效，劳动合同由承继其权利和义务的用人单位继续履行。

2. 用人单位应当依法建立和完善劳动规章制度，保障劳动者享有劳动权利、履行劳动义务

劳动规章制度是用人单位制定的组织劳动过程和进行劳动管理的规

则和制度的总称。

主要包括劳动合同管理、工资管理、社会保险福利待遇、工时休假、职工奖惩，以及其他劳动管理规定。合法有效的劳动规章制度是劳动合同的组成部分，对用人单位和劳动者均具有法律约束力。

用人单位在制定、修改或者决定有关劳动报酬、工作时间、休息休假、劳动安全卫生、保险福利、职工培训、劳动纪律以及劳动定额管理等直接涉及劳动者切身利益的规章制度和重大事项时，应当经职工代表大会或者全体职工讨论，提出方案和意见，与工会或者职工代表平等协商确定。实施过程中，工会或者职工认为不适当的，有权向用人单位提出，通过协商予以修改完善。用人单位应当将直接涉及劳动者切身利益的规章制度和重大事项决定公示，或者告知劳动者。公示或告知可以采用张贴通告、员工手册送达、会议精神传达等方式。用人单位直接涉及劳动者切身利益的规章制度违反法律、法规规定的，由劳动行政部门责令改正，给予警告；给劳动者造成损害的，应当承担赔偿责任。

（二）劳动合同的变更

用人单位与劳动者协商一致，可以变更劳动合同约定的内容。变更劳动合同，应当采用书面形式。变更后的劳动合同文本由用人单位和劳动者各执以份。变更劳动合同未采用书面形式，但已经实际履行了口头变更的劳动合同超过 1 个月，且变更后的劳动合同内容不违反法律、行政法规、国家政策以及公序良俗，当事人以未采用书面形式为由主张劳动合同变更无效的，人民法院不予支持。

四、劳动合同的解除和终止

（一）劳动合同的解除

1. 劳动合同解除的概念

劳动合同解除是指在劳动合同订立后，劳动合同期限届满之前，因双方协商提前结束劳动关系，或因出现法定的情形，一方单方通知对方结束劳动关系的法律行为。

2. 劳动合同解除的类型

（1）协商解除（表6-2）。

表6-2　协商解除

类型	适用情形	是否支持经济补偿金
用人单位提出解除劳动合同	双方平等协商一致	√
劳动者主动辞职		×

（2）法定解除。法定解除是指在出现国家法律、法规或劳动合同规定的可以解除劳动合同的情形时，不需当事人协商一致，一方当事人即可决定解除劳动合同，劳动合同效力可以自然终止或由单方提前终止。在这种情况下，主动解除劳动合同的一方一般负有主动通知对方的义务。

（3）工会在解除劳动合同中的监督作用。用人单位单方解除劳动合同，应当事先将理由通知工会。用人单位违反法律、行政法规规定或者劳动合同约定的，工会有权要求用人单位纠正。用人单位应当研究工会的意见，并将处理结果书面通知工会。

（二）劳动合同的终止

1. 劳动合同终止的概念

劳动合同终正是指用人单位与劳动者之间的劳动关系因某种法律事实的出现而自动归于消灭，或导致劳动关系的继续履行成为不可能而不得不消灭的情形。劳动合同终止一般不涉及用人单位与劳动者的意思表示，只要法定事实出现，一般情况下都会导致双方劳动关系的消灭。

解除是一方或者双方，"主动""人为"地提前结束合同；终止是出现法定事由后"被动"地提前或如期结束合同。

2. 劳动合同终止的情形

劳动合同终止的情形如表6-3所示。

表6-3　劳动合同终止的情形

适用情形		是否支持经济补偿金
劳动合同期满	用人单位维持或提高原条件续订而劳动者拒绝	×
	用人单位决定不续订或降低条件续订（"不留用"）	√

续表

适用情形	是否支持经济补偿金
劳动者开始依法享受基本养老保险待遇的	×
劳动者达到法定退休年龄的	×
劳动者死亡,或者被人民法院宣告死亡或者宣告失踪的	×
用人单位被依法宣告破产的("不营业")	√
用人单位被吊销营业执照、责令关闭、撤销或者用人单位决定提前解散的("不营业")	√

（三）对劳动合同解除和终止的限制性规定

根据劳动合同法的规定,劳动者有下列情形之一的,用人单位既不得解除劳动合同,也不得终止劳动合同,劳动合同应当续延至相应的情形消失时终止。[①]

（1）从事接触职业病危害作业的劳动者未进行离岗前职业健康检查,或者疑似职业病病人在诊断或者医学观察期间的。

（2）在本单位患职业病或者因工负伤并被确认丧失或者部分丧失劳动能力的。

（3）患病或者非因工负伤,在规定的医疗期内的。

（4）女职工在孕期、产期、哺乳期的。

（5）在本单位连续工作满 15 年,且距法定退休年龄不足 5 年的。

（6）法律、行政法规规定的其他情形。

（四）劳动合同解除和终止的经济补偿

1. 经济补偿的概念

经济补偿金是指按照劳动合同法的规定,在劳动者无过错的情况下,用人单位与劳动者解除或者终止劳动合同时,应给予劳动者的经济上的补助。

注意区分经济补偿金与违约金 2 赔偿金的不同。

经济补偿金是法定的,主要是针对劳动关系的解除和终止。如果劳动者无过错,用人单位则应给予劳动者一定数额的经济上的补偿。

---

① 法规应用研究中心 . 劳动合同法一本通（第 6 版）[M]. 北京：中国法制出版社,2018.

　　违约金是约定的,是指劳动者违反了服务期和竞业限制的约定而向用人单位支付的违约补偿。《劳动合同法》第二十五条明确规定,禁止用人单位对劳动合同服务期和竞业限制之外的其他事项与劳动者约定由劳动者承担违约金。

　　赔偿金是指用人单位和劳动者由于自己的过错给对方造成损害时所应承担的不利的法律后果。

　　经济补偿金的支付主体只能是用人单位,而违约金的支付主体只能是劳动者,赔偿金的支付主体可能是用人单位,也可能是劳动者。

　　2. 用人单位应当向劳动者支付经济补偿的情形

　　(1)劳动者符合随时通知解除和不需事先通知即可解除劳动合同规定情形而解除劳动合同的。

　　(2)由用人单位提出解除劳动合同并与劳动者协商一致而解除劳动合同的。

　　(3)用人单位符合提前30日以书面形式通知劳动者本人或者额外支付劳动者1个月工资后,可以解除劳动合同规定情形而解除劳动合同的。

　　(4)用人单位符合可裁减人员规定而解除劳动合同的。

　　(5)除用人单位维持或者提高劳动合同约定条件续订劳动合同,劳动者不同意续订的情形外,劳动合同期满终止固定期限劳动合同的。

　　(6)用人单位被依法宣告破产或者用人单位被吊销营业执照、责令关闭、撤销或者用人单位决定提前解散而终止劳动合同的。

　　(7)以完成一定工作任务为期限的劳动合同因任务完成而终止的。

　　(8)法律、行政法规规定的其他情形。

　　3. 经济补偿的支付

　　(1)基本思路。

　　经济补偿按劳动者在本单位工作的年限,每满1年支付1个月工资的标准向劳动者支付。6个月以上不满1年的,按1年计算;不满6个月的,向劳动者支付半个月工资的经济补偿。

　　经济补偿金的计算公式为:

　　经济补偿金 = 劳动合同解除或终止前劳动者在本单位的工作年限 × 每工作1年应得的经济补偿

　　或者简写为:经济补偿金 = 工作年限 × 月工资

　　(2)工作年限的确定。

　　①"零头"的算法。6个月以上不满1年的,按1年计算;不满6个

月的,向劳动者支付半个月工资的经济补偿。

②非因本人原因的工作调动。劳动者"非因本人原因"从原用人单位被安排到新用人单位工作的,劳动者在原用人单位的工作年限合并计入新用人单位的工作年限。原用人单位已经向劳动者支付经济补偿金的,新用人单位在依法解除、终止劳动合同计算支付经济补偿金的工作年限时,不再计算劳动者在原用人单位的工作年限。

(3)月工资的确定。

①月工资是指劳动者在劳动合同解除或者终止前12个月的平均工资。月工资按照劳动者应得工资计算,包括计时工资或者计件工资以及奖金、津贴和补贴等货币性收入。劳动者工作不满12个月的,按照实际工作的月数计算平均工资。

②劳动者在劳动合同解除或者终止前12个月的平均工资低于当地最低工资标准的,按照当地最低工资标准计算。即

经济补偿金 = 工作年限 × 月最低工资标准

③劳动者月工资高于用人单位所在直辖市、设区的市级人民政府公布的本地区上年度职工月平均工资3倍的,向其支付经济补偿的标准按职工月平均工资3倍的数额支付,向其支付经济补偿的年限最高不超过12年。计算公式为:

经济补偿金 = 工作年限(最高不超过12年) × 当地上年度职工月平均工资的3倍

(五)劳动合同解除和终止的法律后果和双方义务

劳动合同解除和终止后,用人单位和劳动者双方不再履行劳动合同,劳动关系消灭。

1. 手续

(1)劳动合同解除或终止的,用人单位应当在解除或者终止劳动合同时出具解除或者终止劳动合同的证明,并在15日内为劳动者办理档案和社会保险关系转移手续。用人单位出具的解除、终止劳动合同的证明,应当写明劳动合同期限、解除或者终止劳动合同的日期、工作岗位、在本单位的工作年限。

(2)用人单位应当在解除或者终止劳动合同时向劳动者支付经济补偿的,在办结工作交接时支付。解除或者终止劳动合同时,用人单位未依照劳动合同法的规定向劳动者支付经济补偿的,由劳动行政部门责令限期支付经济补偿;逾期不支付的,责令用人单位按应付金额50%以上

100%以下的标准向劳动者加付赔偿金。

（3）用人单位对已经解除或者终止的劳动合同的文本,至少保存2年备查。劳动者依法解除或者终止劳动合同后,用人单位扣押劳动者档案或者其他物品的,由劳动行政部门责令限期退还劳动者本人,并以每人500元以上2 000元以下的标准处以罚款;给劳动者造成损害的,应当承担赔偿责任。

2.违法解除或终止劳动合同的法律责任

用人单位违反规定解除或者终止劳动合同,劳动者要求继续履行劳动合同的,用人单位应当继续履行;用人单位违反规定解除或者终止劳动合同,劳动者不要求继续履行劳动合同或者劳动合同已经不能继续履行的,用人单位应当依照劳动合同法规定的经济补偿标准的2倍向劳动者支付赔偿金,支付了赔偿金的,不再支付经济补偿。赔偿金的计算年限自用工之日起计算。劳动者违反劳动合同法规定解除劳动合同,给用人单位造成损失的,应当承担赔偿责任。

五、劳动争议的解决

（一）劳动争议和解决方法

1.劳动争议的概念及适用范围

劳动争议是指劳动关系当事人之间在执行劳动方面的法律法规和劳动合同、集体合同的过程中,就劳动权利义务发生分歧而引起的争议,也称劳动纠纷、劳资争议。包括:

（1）因确认劳动关系发生的争议。

（2）因订立、履行、变更、解除和终止劳动合同发生的争议。

（3）因除名、辞退和辞职、离职发生的争议。

（4）因工作时间、休息休假、社会保险、福利、培训以及劳动保护发生的争议。

（5）因劳动报酬、工伤医疗费、经济补偿或者赔偿金等发生的争议。

（6）法律、法规规定的其他劳动争议。

2.劳动争议解决的原则和方法

（1）劳动争议解决的基本原则。

解决劳动争议,应当根据事实,遵循合法、公正、及时、着重调解的原则,依法保护当事人的合法权益。

（2）劳动争议解决的基本方法。

劳动争议解决的方法有协商、劳动调解、劳动仲裁、劳动诉讼、投诉。

协商、劳动调解、劳动仲裁——相互独立。发生劳动争议，劳动者可以与用人单位协商，也可以请工会或者第三方共同与用人单位协商，达成和解协议；当事人不愿协商、协商不成或者达成和解协议后不履行的，可以向调解组织申请调解；不愿调解、调解不成或者达成调解协议后不履行的，可以向劳动争议仲裁委员会申请仲裁；对仲裁裁决不服的，除劳动争议调解仲裁法另有规定的以外，可以向人民法院提起诉讼。

劳动仲裁、劳动诉讼——先裁后诉。劳动仲裁是指劳动争议仲裁机构对劳动争议当事人争议的事项，根据劳动方面的法律、法规、规章和政策等的规定，依法做出裁决，从而解决劳动争议的一项劳动法律制度。

（二）劳动调解

1. 劳动争议调解组织

可受理劳动争议的调解组织有：
（1）企业劳动争议调解委员会。
（2）依法设立的基层人民调解组织。
（3）在乡镇、街道设立的具有劳动争议调解职能的组织。

2. 调解员

劳动争议调解组织的调解员应当由公道正派、联系群众、热心调解工作，并具有一定法律知识、政策水平和文化水平的成年公民担任。

3. 劳动调解程序

（1）当事人申请劳动争议调解可以书面申请，也可以口头申请。口头申请的，调解组织应当当场记录申请人基本情况、申请调解的争议事项、理由和时间。

（2）调解劳动争议，应当充分听取双方当事人对事实和理由的陈述，耐心疏导，帮助其达成协议。

（3）经调解达成协议的，应当制作调解协议书。调解协议书由双方当事人签名或者盖章，经调解员签名并加盖调解组织印章后生效，对双方当事人具有约束力，当事人应当履行。自劳动争议调解组织收到调解申请之日起15日内未达成调解协议的，当事人可以依法申请仲裁。

（4）达成调解协议后，一方当事人在协议约定期限内不履行调解协议的，另一方当事人可以依法申请仲裁。因支付拖欠劳动报酬、工伤医疗费、经济补偿或者赔偿金事项达成调解协议,用人单位在协议约定期限内不履行的,劳动者可以持调解协议书依法向人民法院申请支付令。人民法院应当依法发出支付令。

（三）劳动仲裁

1. 劳动仲裁当事人、劳动仲裁机构和劳动仲裁管辖

（1）劳动仲裁当事人。

劳动仲裁当事人是指发生劳动争议的劳动者和用人单位。劳务派遣单位或者用工单位与劳动者发生劳动争议的,劳务派遣单位和用工单位为共同当事人。劳动者与个人承包经营者发生争议,依法向仲裁委员会申请仲裁的,应当将发包的组织和个人承包经营者作为当事人。发生争议的用人单位被吊销营业执照、责令关闭、撤销以及用人单位决定提前解散、歇业,不能承担相关责任的,依法将其出资人、开办单位或主管部门作为共同当事人。

（2）劳动仲裁机构。

劳动仲裁机构是劳动争议仲裁委员会。劳动争议仲裁委员会不按行政区划层层设立。劳动争议仲裁委员会由劳动行政部门代表、工会代表和企业方面代表组成。劳动争议仲裁委员会组成人员应当是单数。劳动争议仲裁委员会应当设仲裁员名册。

（3）劳动争议仲裁案件的管辖。

劳动争议仲裁委员会负责管辖本区域内发生的劳动争议。劳动争议由劳动合同履行地或者用人单位所在地的劳动争议仲裁委员会管辖。双方当事人分别向劳动合同履行地和用人单位所在地的劳动争议仲裁委员会申请仲裁的,由劳动合同履行地的劳动争议仲裁委员会管辖。这里的劳动合同履行地为劳动者实际工作场所地,用人单位所在地为用人单位注册、登记地。用人单位未经注册、登记的,其出资人、开办单位或主管部门所在地为用人单位所在地。

案件受理后,劳动合同履行地和用人单位所在地发生变化的,不改变争议仲裁的管辖。多个仲裁委员会都有管辖权的,由先受理的仲裁委员会管辖。

2. 申请和受理

（1）仲裁时效。

①劳动争议申请仲裁的时效期间为1年。仲裁时效期间从当事人知

道或者应当知道其权利被侵害之日起计算。劳动关系存续期间因拖欠劳动报酬发生争议的,劳动者申请仲裁不受 1 年仲裁时效期间的限制;但是,劳动关系终止的,应当自劳动关系终止之日起 1 年内提出。

②仲裁时效的中断。劳动仲裁时效,因当事人一方向对方当事人主张权利(一方当事人可通过协商、申请调解等方式向对方当事人主张权利),或者向有关部门请求权利救济(一方当事人可通过向有关部门投诉,向仲裁委员会申请仲裁,向人民法院起诉或者申请支付令等方式请求权利救济),或者对方当事人同意履行义务而中断。从中断时起(中断事由消除时起),仲裁时效期间重新计算。权利人申请调解,如经调解达不成协议,则应自调解不成之日起重新计算;如达成调解协议,则自义务人应当履行义务的期限届满之日起计算。

③仲裁时效的中止。因无民事行为能力或者限制民事行为能力的劳动者的法定代理人未确定等不可抗力或者有其他正当理由,当事人不能在仲裁时效期间申请仲裁的,仲裁时效中止。从中止时效的原因消除之日起,仲裁时效期间继续计算。

(2)仲裁申请。

申请人申请仲裁应当提交书面仲裁申请,并按照被申请人人数提交副本。仲裁申请书应当载明下列事项。

①劳动者的姓名、性别、年龄、职业、工作单位和住所,用人单位的名称、住所和法定代表人或者主要负责人的姓名、职务。

②仲裁请求和所根据的事实、理由。

③证据和证据来源,证人姓名和证人住所。

书写仲裁申请确有困难的,可以口头申请,由劳动争议仲裁委员会记入笔录,并告知对方当事人。

(3)仲裁受理。

劳动争议仲裁委员会收到仲裁申请之日起 5 日内,认为符合受理条件的,应当受理,并通知申请人;认为不符合受理条件的,应当书面通知申请人不予受理,并说明理由。

对劳动争议仲裁委员会不予受理或者逾期未做出决定的,申请人可以就该劳动争议事项向人民法院提起诉讼。

劳动争议仲裁委员会受理仲裁申请后,应当在 5 日内将仲裁申请书副本送达被申请人。被申请人收到仲裁申请书副本后,应当在 10 日内向劳动争议仲裁委员会提交答辩书。

劳动争议仲裁委员会收到答辩书后,应当在 5 日内将答辩书副本送达申请人。被申请人未提交答辩书的,不影响仲裁程序的进行。

3. 开庭和裁决

（1）基本制度。

仲裁公开原则及例外。劳动争议仲裁公开进行，但当事人协议不公开进行或者涉及国家秘密、商业秘密和个人隐私的除外。劳动仲裁制度主要包括仲裁庭制度和回避制度。

劳动争议仲裁委员会对回避申请应当及时做出决定，并以口头或者书面方式通知当事人。仲裁员私自会见当事人、代理人，或者接受当事人、代理人请客送礼的，或者有索贿受贿、徇私舞弊、枉法裁决行为的，应当依法承担法律责任。劳动争议仲裁委员会应当将其解聘。

（2）开庭程序。

劳动争议仲裁委员会应当在受理仲裁申请之日起5日内将仲裁庭的组成情况书面通知当事人。仲裁庭应当在开庭5日前，将开庭日期、地点书面通知双方当事人。当事人有正当理由的，可以在开庭3日前请求延期开庭。是否延期，由劳动争议仲裁委员会决定。

仲裁庭在做出裁决前，应当先行调解。调解达成协议的，仲裁庭应当制作调解书。调解书应当写明仲裁请求和当事人协议的结果。调解书由仲裁员签名，加盖劳动争议仲裁委员会印章，送达双方当事人。调解书经双方当事人签收后，发生法律效力。调解不成或者调解书送达前，一方当事人反悔的，仲裁庭应当及时做出裁决。

（3）裁决。

①裁决的原则。裁决应当按照多数仲裁员的意见做出，少数仲裁员的不同意见应当记入笔录。仲裁庭不能形成多数意见时，裁决应当按照首席仲裁员的意见做出。裁决书应当载明仲裁请求、争议事实、裁决理由、裁决结果和裁决日期。裁决书由仲裁员签名，加盖劳动争议仲裁委员会印章。对裁决持不同意见的仲裁员，可以签名，也可以不签名。

仲裁庭裁决劳动争议案件时，其中一部分事实已经清楚，可以就该部分先行裁决。

②一裁终局的案件。下列劳动争议，除劳动争议调解仲裁法另有规定的外，仲裁裁决为终局裁决，裁决书自作出之日起发生法律效力。

a. 追索劳动报酬、工伤医疗费、经济补偿或者赔偿金，不超过当地月最低工资标准12个月金额的争议。

b. 因执行国家的劳动标准在工作时间、休息休假、社会保险等方面发生的争议。

（4）不服仲裁裁决提起诉讼的期限和条件。

劳动者对上述一裁终局的裁决不服的,可以自收到仲裁裁决书之日起 15 日内向人民法院提起诉讼。

用人单位有证据证明上述一裁终局的裁决有下列情形之一的,可以自收到仲裁裁决书之日起 30 日内向劳动争议仲裁委员会所在地的中级人民法院申请撤销裁决。

①适用法律、法规确有错误的。

②劳动争议仲裁委员会无管辖权的。

③违反法定程序的。

④裁决所根据的证据是伪造的。

⑤对方当事人隐瞒了足以影响公正裁决的证据的。

⑥仲裁员在仲裁该案时有索贿受贿、徇私舞弊、枉法裁决行为的。

人民法院经组成合议庭审查核实裁决有上述规定情形之一的,应当裁定撤销。

仲裁裁决被人民法院裁定撤销的,当事人可以自收到裁定书之日起 15 日内就该劳动争议事项向人民法院提起诉讼。

当事人对上述终局裁决情形之外的其他劳动争议案件的仲裁裁决不服的,可以自收到仲裁裁决书之日起 15 日内提起诉讼;期满不起诉的,裁决书发生法律效力。

4. 执行

（1）仲裁庭对追索劳动报酬、工伤医疗费、经济补偿或者赔偿金的案件,根据当事人的申请,可以裁决先予执行,移送人民法院执行。

仲裁庭裁决先予执行的,应当符合下列条件。

①当事人之间权利义务关系明确。

②不先予执行将严重影响申请人的生活。

劳动者申请先予执行的,可以不提供担保。

（2）当事人对发生法律效力的调解书、裁决书,应当依照规定的期限履行。一方当事人逾期不履行的,另一方当事人可以依照民事诉讼法的有关规定向人民法院申请执行。受理申请的人民法院应当依法执行。

（四）劳动诉讼

1. 劳动诉讼申请范围

（1）对劳动争议仲裁委员会不予受理或者逾期未做出决定的,申请人可以就该劳动争议事项向人民法院提起诉讼。

（2）劳动者对劳动争议的终局裁决不服的,可以自收到仲裁裁决书之日起 15 日内向人民法院提起诉讼。

（3）当事人对终局裁决情形之外的其他劳动争议案件的仲裁裁决不服的,可以自收到仲裁裁决书之日起 15 日内提起诉讼。

（4）终局裁决被人民法院裁定撤销的,当事人可以自收到裁定书之日起 15 日内就该劳动争议事项向人民法院提起诉讼。

2. 劳动诉讼程序

劳动诉讼依照民事诉讼法的规定执行。

第二节　社会保险法

一、社会保险的概念、种类与基本原则

（一）社会保险的概念

社会保险是指国家为了预防和强制社会多数成员参加的,具有所得重分配功能的非营利性的社会安全制度。社会保险是国家依法建立的,由国家、用人单位和个人共同筹集资金、建立基金,使个人在年老(退休)、患病、工伤(因工伤残或者患职业病)、失业、生育等情况下获得物质帮助和补偿的一种社会保障制度。

特殊人员参保规定。

（1）无雇工的个体工商户、未在用人单位参加基本养老保险的非全日制从业人员以及其他灵活就业人员可以参加基本养老保险,由个人缴纳基本养老保险费。

（2）对于按照公务员法管理的单位、参照公务员法管理的机关(单位)、事业单位及其编制内的工作人员,实行社会统筹与个人账户相结合的基本养老保险制度,建立职工年金制度。

（3）无雇工的个体工商户、未在用人单位参加基本医疗保险的非全日制从业人员以及其他灵活就业人员可以参加职工基本医疗保险,由个人按照国家规定缴纳基本医疗保险费。

（二）社会保险的种类

目前我国的社会保险项目主要有 5 项,统称为"五险"。

1. 基本养老保险

基本养老保险是针对公民老年风险,通过参保人缴费和政府补贴建立养老保险基金,向达到法定领取年龄的成员支付养老金,保障老年日常支出的社会保障项目。

2. 基本医疗保险

基本医疗保险是针对公民的医疗风险,通过参保人缴费和政府补贴建立医疗保险基金,为成员分担基本医疗费用,保障公民能享受基本医疗服务的社会保障项目。

3. 工伤保险

工伤保险是针对公民的职业风险,通过雇主缴费和政府补贴建立工伤保险基金,向因工伤事故导致伤病、因工作环境导致职业病的成员,提供医疗服务、带薪休假;向伤残的成员及其供养的家庭成员提供伤残抚恤金的社会保障项目。

4. 失业保险

失业保险是针对公民失业风险,通过参保人缴费和政府补贴建立失业保险基金,向非本人原因失业、在失业保险机构登记且具有就业愿望的人员支付失业津贴、医疗补贴等,保障其家庭基本生活,提供就业培训和就业服务的社会保障项目。

5. 生育保险

生育保险是针对公民的生育风险,通过雇主缴费和政府补贴建立生育保险基金,向符合计划生育的成员提供医疗服务带薪休假的社会保障项目。

二、基本养老保险

（一）基本养老保险的含义

基本养老保险是指缴费达到法定期限并且个人达到法定退休年龄

后,国家和社会提供物质帮助以保证因年老而退出劳动领域后稳定、可靠的生活来源的社会保险制度。基本养老保险是社会保险体系中最重要、实施最广泛的一项制度。

(二)职工基本养老保险费的缴纳

1.单位缴费

按照现行政策,企业缴费的比例一般不得超过企业工资总额的20%,具体比例由省、自治区、直辖市政府确定。机关事业单位缴纳基本养老保险费的比例为本单位职工工资总额的20%。城镇个体工商户和灵活就业人员的缴费基数为当地上年度在岗职工月平均工资,缴费比例为20%,其中8%记入个人账户。基本养老保险基金由用人单位和个人缴费以及政府补贴等组成,主要组成参考图6-1。

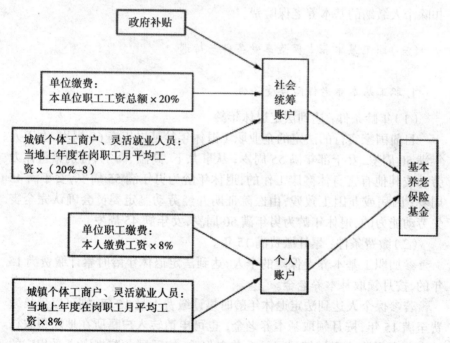

图6-1　职工基本养老保险费的缴纳[①]

2.个人缴费

个人养老账户月存储额 = 本人月缴费工资 ×8%

① 王艳,秦雪洁.经济法[M].北京:北京理工大学出版社,2018.

按照现行政策,职工个人按照本人月缴费工资的 8% 缴费,记入个人账户。缴费工资,也称缴费工资基数,一般为职工本人上一年度月平均工资。月平均工资按照国家统计局规定列入工资总额统计的项目计算,包括工资、奖金、津贴、补贴等收入,不包括用人单位承担或者支付给员工的社会保险费、劳动保护费、福利费、用人单位与员工解除劳动关系时支付的一次性补偿以及计划生育费用等其他不属于工资的费用。新招职工(包括研究生、大学生、大中专毕业生等)以起薪当月工资收入作为缴费工资基数;从第二年起,按上一年实发工资的月平均工资作为缴费工资基数。

本人月平均工资低于当地职工月平均工资 60% 的,按当地职工月平均工资的 60% 作为缴费基数。本人月平均工资高于当地职工月工资 300% 的按当地职工月平均工资的 300% 作为缴费基数,超过部分不计入缴费工资基数,也不计入计发基本养老金的基数。

个人缴费不计征个人所得税,在计算个人所得税的应税收入时,应当扣除个人缴纳的基本养老保险费。

(三)职工基本养老保险享受条件与待遇

1. 职工基本养老保险享受条件

(1)年龄条件:达到法定退休年龄。

目前国家实行的法定的企业职工退休年龄是男年满 60 周岁,女工人年满 50 周岁,女干部年满 55 周岁;从事井下、高温、高空、特别繁重体力劳动或其他有害身体健康工作的,退休年龄为男年满 55 周岁,女年满 45 周岁;因病或非因工致残,由医院证明并经劳动鉴定委员会确认完全丧失劳动能力的,退休年龄为男年满 50 周岁,女年满 45 周岁。

(2)缴费条件:累计缴费满 15 年。

参加职工基本养老保险的个人,达到法定退休年龄时累计缴费满 15 年的,按月领取基本养老金。

若参保个人达到法定退休年龄时累计缴费不足 15 年,则可以延长缴费至满 15 年,按月领取基本养老金;也可申请转入户籍所在地新型农村社会养老保险或者城镇居民社会养老保险,按照国务院规定享受相应的养老保险待遇。累计缴费不足 15 年(含按规定延长缴费),且未转入新型农村社会养老保险或者城镇居民社会养老保险的,个人可以书面申请终止职工基本养老保险关系。社会保险经办机构收到申请后,应当书面告知其转入新型农村社会养老保险或者城镇居民社会养老保险的权利以及终止职工基本养老保险的后果,经本人书面确认后,终止其职工基本养老关系,并将个人账户储存额一次性支付给本人。

2.职工基本养老保险待遇

(1)领取职工基本养老金。

基本养老金由统筹养老金和个人账户养老金组成。

基本养老金根据个人累计缴费年限、缴费工资、当地职工平均工资、个人账户金额、城镇人口平均预期寿命等因素确定。职工退休以后年度调整增加的养老金,按职工退休时个人账户养老金和基础养老金各占基本养老金的比例,分别从个人账户储存余额和社会统筹基金中支付。

职工退休后,其个人账户缴费情况停止记录,个人账户在按月支付离退休金(含以后年度调整增加的部分)后的余额部分继续计息。

(2)丧葬补助金和遗属抚恤金。

参加基本养老保险的个人,因病或者非因工死亡的,其遗属可以领取丧葬补助金和抚恤金,所需资金从基本养老保险基金中支付。但如果个人死亡同时符合领取基本养老保险丧葬补助金、工伤保险丧葬补助金和失业保险丧葬补助金条件的,其遗属只能选择领取其中的一项。

(3)病残津贴。

参加基本养老保险的个人,在未达到法定退休年龄时因病或者非因工致残完全丧失劳动能力的,可以领取病残津贴。所需资金从基本养老保险基金中支付。

三、基本医疗保险

(一)基本医疗保险的含义

基本医疗保险是指按照国家规定缴纳一定比例的医疗保险费,在参保人因患病和意外伤害而就医诊疗时,由医疗保险基金支付其一定医疗费用的社会保险制度。

(二)基本医疗保险的覆盖范围

1.职工基本医疗保险

职工应当参加职工基本医疗保险,由用人单位和职工按照国家规定共同缴纳基本医疗保险费。职工基本医疗保险费的征缴范围:国有企业、城镇集体企业、外商投资企业、城镇私营企业和其他城镇企业及其职工,国家机关及其工作人员,事业单位及其职工,民办非企业单位及其职工,社会团体及其专职人员。

2. 新型农村合作医疗

新型农村合作医疗,简称新农合,是指由政府组织、引导、支持,农民自愿参加,个人、集体和政府多方筹资,以大病统筹为主的农民医疗互助共济制度。采取个人缴费、集体扶持和政府资助的方式筹集资金。

3. 城镇居民基本医疗保险

城镇居民基本医疗保险实行个人缴费和政府补贴相结合。

不属于职工基本医疗保险制度覆盖范围的中小学阶段的学生(包括职业高中、中专、技校学生)、大学生、少年儿童和其他非从业城镇居民都可自愿参加城镇居民基本医疗保险。灵活就业人员自愿选择参加职工医疗保险或城镇居民医疗保险,参加职工医疗保险有困难的农民工,可以自愿选择参加城镇居民医疗保险或户籍所在地的新型农村合作医疗。

享受最低生活保障的人、丧失劳动能力的残疾人、低收入家庭 60 周岁以上的老年人和未成年人等所需个人缴费部分,由政府给予补贴。

(三)职工基本医疗保险费的缴纳

基本医疗保险也采用"统账结合"模式,即分别设立社会统筹基金和个人账户基金,基本医疗保险基金由统筹基金和个人账户构成。

1. 单位缴费

由统筹地区统一确定适合当地经济发展水平的基本医疗保险单位缴费率,一般为职工工资总额的 6% 左右。用人单位缴纳的基本医疗保险费分为两部分:一部分用于建立统筹基金;另一部分划入个人账户。

2. 基本医疗保险个人账户的资金来源[1]

(1)个人缴费部分。

由统筹地区统一确定适合当地职工负担水平的基本医疗保险个人缴费率,二般为本人工资收入的 2%。

(2)用人单位缴费的划入部分。

由统筹地区根据个人医疗账户的支付范围和职工年龄等因素确定用人单位所缴医疗保险费划入个人医疗账户的具体比例,一般为 30% 左右。

---

[1] 王艳,秦雪洁. 经济法 [M]. 北京:北京理工大学出版社,2018.

3.退休人员基本医疗保险费的缴纳

参加职工基本医疗保险的个人,达到法定退休年龄时累计缴费达到国家规定年限的,退休后不再缴纳基本医疗保险费,按照国家规定享受基本医疗保险待遇;未达到国家规定缴费年限的,可以缴费至国家规定年限。目前对最低缴费年限没有全国统一的规定,由各统筹地区根据本地情况确定。

(四)职工基本医疗费用的结算

参保人员必须到基本医疗保险的定点医疗机构就医、购药或定点零售药店购买药品。参保人员在协议医疗机构发生的医疗费用,必须符合基本医疗保险药品目录、诊疗项目、医疗服务设施标准的,按照国家规定从基本医疗保险基金中支付。参保人员确需急诊、抢救的,可以在非协议医疗机构就医;因抢救必须使用的药品可以适当放宽范围。

参保人员符合基本医疗保险支付范围的医疗费用中,在社会医疗统筹基金起付标准以上与最高支付限额以下的费用部分,由社会医疗统筹基金按一定比例支付。

起付标准,又称起付线,一般为当地职工年平均工资的 10% 左右。最高支付限额又称封顶线,一般为当地职工年平均工资的 6 倍左右,支付比例一般为 90%。

参保人员符合基本医疗保险支付范围的医疗费用中,在社会医疗统筹基金起付标准以下的费用部分,由个人账户资金支付或个人自付;统筹基金起付线以上至封顶线以下的费用部分,个人也要承担一定比例的费用,一般为 10%,可由个人账户支付也可自付。参保人员在封顶线以上的医疗费用部分,可以通过单位补充医疗保险或参加商业保险等途径解决。

下列医疗费用不纳入基本医疗保险基金支付范围。

(1)应当从工伤保险基金中支付的。

(2)应当由第三人负担的。

(3)应当由公共卫生负担的。

(4)在境外就医的。

医疗费用应当由第三人负担,第三人不支付或者无法确定第三人的,由基本医疗保险基金先行支付。基本医疗保险基金先行支付后,有权向第三人追偿。

（五）医疗期

1. 概念

医疗期是指企业职工因患病或非因工负伤停止工作，治病休息，但不得解除劳动合同的期限。

2. 医疗期期间

企业职工因患病或非因工负伤，需要停止工作进行医疗时，根据本人实际参加工作年限和在本单位工作年限，给予 3 个月到 24 个月的医疗期。

（1）实际工作年限 10 年以下的。在本单位工作年限 5 年以下的为 3 个月；5 年以上的为 6 个月。

（2）实际工作年限 10 年以上的。在本单位工作年限 5 年以下的为 6 个月；5 年以上 10 年以下的为 9 个月；10 年以上 15 年以下的为 12 个月；15 年以上 20 年以下的为 18 个月；20 年以上的为 24 个月。

3. 医疗期的计算方法

医疗期 3 个月的按 6 个月内累计病休时间计算；6 个月的按 12 个月内累计病休时间计算；9 个月的按 15 个月内累计病休时间计算；12 个月的按 18 个月内累计病休时间计算；18 个月的按 24 个月内累计病休时间计算；24 个月的按 30 个月内累计病休时间计算。

医疗期的计算从病休第一天开始、累计计算。

病休期间，公休、假日和法定节日包括在内。对某些患特殊疾病（如癌症、精神病、瘫痪等）的职工，在 24 个月内尚不能痊愈的，经企业和劳动主管部门批准，可以适当延长医疗期。

4. 医疗期内的待遇

企业职工在医疗期内，其病假工资、疾病救济费和医疗待遇按照有关规定执行。病假工资或疾病救济费可以低于当地最低工资标准支付，但最低不能低于最低工资标准的 80%。医疗期内不得解除劳动合同。如医疗期内遇合同期满，则合同必须续延至医疗期满，职工在此期间仍然享受医疗期内待遇。对医疗期满尚未痊愈者，或者医疗期满后，不能从事原工作，也不能从事用人单位另行安排的工作，被解除劳动合同的，用人单位需按经济补偿规定给予其经济补偿。

四、工伤保险

（一）工伤保险的含义

工伤保险是指劳动者在职业工作中或规定的特殊情况下遭遇意外伤害或职业病，导致暂时或永久丧失劳动能力以及死亡时，劳动者或其遗属能够从国家和社会获得物质帮助的社会保险制度。

（二）工伤保险费的缴纳

职工应当参加工伤保险，由用人单位缴纳工伤保险费、职工不缴纳工伤保险费。中华人民共和国境内的企业、事业单位、社会团体、民办非企业单位、基金会、律师事务所、会计师事务所等组织的职工和个体工商户的雇工，均有依照规定享受工伤保险待遇的权利。

工伤保险费根据以支定收、收支平衡的原则，确定费率。实行行业差别费率和行业内费率档次。用人单位应当按照本单位职工工资总额，根据社会保险经办机构确定的费率按时足额缴纳工伤保险费。

（三）工伤认定与劳动能力鉴定

1. 工伤认定

（1）应当认定工伤的情形。

职工有下列情形之一的，应当认定为工伤：①在工作时间和工作场所内，因工作原因受到事故伤害的。②工作时间前后在工作场所内，从事与工作有关的预备性或收尾性工作受到事故伤害的。③在工作时间和工作场所内，因履行工作职责受到暴力等意外伤害的。④患职业病的。⑤因工外出期间，由于工作原因受到伤害或者发生事故下落不明的。⑥在上下班途中，受到非本人主要责任的交通事故或者城市轨道交通、客运轮渡、火车事故伤害的。⑦法律、行政法规规定应当认定为工伤的其他情形。

（2）视同工伤的情形。

职工有下列情形之一的，视同工伤：①在工作时间和工作岗位，突发疾病死亡或者在 48 小时内经抢救无效死亡的。②在抢险救灾等维护国家利益、公共利益活动中受到伤害的。③原在军队服役，因战、因公负伤致残，已取得革命伤残军人证，到用人单位后旧伤复发的。

（3）不认定为工伤的情形。

职工因下列情形之一导致本人在工作中伤亡的，不认定为工伤：①故意犯罪。②醉酒或者吸毒。③自残或者自杀。④法律、行政法规规定的其他情形。

2. 劳动能力鉴定

职工发生工伤，经治疗伤情相对稳定后存在残疾、影响劳动能力的，应当进行劳动能力鉴定（包括劳动功能障碍程度和生活自理障碍程度）。

劳动功能障碍分为 10 个伤残等级，最重的为 1 级，最轻的为 10 级。生活自理障碍分为 3 个等级：生活完全不能自理、生活大部分不能自理和生活部分不能自理。劳动能力鉴定标准由国务院社会保险行政部门会同国务院卫生行政部门等制定。

自劳动能力鉴定结论作出之日起 1 年后，工伤职工或者其近亲属、所在单位或者经办机构认为伤残情况发生变化的，可以申请劳动能力复查鉴定。

（四）工伤保险待遇

职工因工作原因受到事故伤害或者患职业病，且经工伤认定的，享受工伤保险待遇；其中，经劳动能力鉴定丧失劳动能力的，享受伤残待遇。

1. 工伤医疗待遇

职工因工作遭受事故伤害或者患职业病进行治疗，享受工伤医疗待遇。主要包括：

（1）治疗工伤的医疗费用（诊疗费、药费、住院费）。

（2）住院伙食补助费、交通食宿费。

（3）康复性治疗费。

（4）停工留薪期工资福利待遇。职工因工作遭受事故伤害或者患职业病需要暂停工作接受工伤医疗的，在停工留薪期内，原工资福利待遇不变，由所在单位按月支付。停工留薪期一般不超过 12 个月。伤情严重或者情况特殊，经设区的市级劳动能力鉴定委员会确认，可以适当延长，但延长期不得超过 12 个月。工伤职工评定伤残等级后，停止享受停工留薪期待遇，按照规定享受伤残待遇。工伤职工在停工留薪期满后仍需治疗的，继续享受工伤医疗待遇。生活不能自理的工伤职工在停工留薪期需要护理的，由所在单位负责。但工伤职工治疗非工伤引发的疾病，不享受工伤医疗待遇，按照基本医疗保险办法处理。

2. 辅助器具装配费

工伤职工因日常生活或者就业需要,经劳动能力鉴定委员会确认,可以安装假肢、矫形器、假眼、假牙和配置轮椅等辅助器具,所需费用按照国家规定的标准从工伤保险基金支付。

3. 伤残待遇

经劳动能力鉴定委员会鉴定,评定伤残等级的工伤职工,享受伤残待遇。主要包括:

(1)生活护理费。工伤职工已经评定伤残等级并经劳动能力鉴定委员会确认需要生活护理的,从工伤保险基金按月支付生活护理费。生活护理费按照生活完全不能自理、生活大部分不能自理或者生活部分不能自理3个不同等级支付,其标准分别为统筹地区上年度职工月平均工资的50%、40%或30%。

(2)一次性伤残补助金。职工因工致残被鉴定为1～10级伤残的,从工伤保险基金按伤残等级支付一次性伤残补助金。

(3)伤残津贴。职工因工致残被鉴定为1～4级伤残的,保留劳动关系,退出工作岗位,从工伤保险基金中按月支付伤残津贴,伤残津贴实际金额低于当地最低工资标准的,由工伤保险基金补足差额。职工因工致残被鉴定为5～6级伤残的,保留与用人单位的劳动关系,由用人单位安排适当工作。难以安排工作的,由用人单位按月发给伤残津贴。伤残津贴实际金额低于当地最低工资标准的,由用人单位补足差额。

(4)一次性工伤医疗补助金和一次性伤残就业补助金。5～6级伤残,经工伤职工本人提出,可以与用人单位解除或者终止劳动关系;7～10级伤残,劳动、聘用合同期满终止,或者职工本人提出解除劳动、聘用合同的,由工伤保险基金支付一次性工伤医疗补助金,由用人单位支付一次性伤残就业补助金。

4. 工亡待遇

职工因工死亡,或者伤残职工在停工留薪期内因工伤导致死亡的,其近亲属按照规定从工伤保险基金领取丧葬补助金、供养亲属抚恤金和一次性工亡补助金。

(1)丧葬补助金,为6个月的统筹地区上年度职工月平均工资。

(2)供养亲属抚恤金,按照职工本人工资的一定比例发给由因工死亡职工生前提供主要生活来源、无劳动能力的亲属。供养亲属的具体范围由国务院社会保险行政部门规定。

（3）一次性工亡补助金,标准为上一年度全国城镇居民人均可支配收入的 20 倍。1 ~ 4 级伤残职工在停工留薪期满后死亡的, 其近亲属可以享受丧葬补助金、供养亲属抚恤金待遇,不享受一次性工亡补助金待遇。

五、失业保险

（一）失业保险的概念

医业是指处于法定劳动年龄阶段的劳动者,有劳动能力和劳动愿望,却没有劳动岗位的一种状态。医业保险是指国家通过立法强制实行的,由社会集中建立基金,保障因失业而暂时中断生活来源的劳动者的基本生活,并通过职业培训、职业介绍等措施促进其再就业的社会保险制度。

失业保险制度的功能:一是保障失业者基本生活; 二是促进失业者再就业; 三是合理配置劳动力。

（二）失业保险费的缴纳

失业保险费的征缴范围:国有企业、城镇集体企业、外商投资企业、城镇私营企业和其他城镇企业（ 统称城镇企业 ）及其职工,事业单位及其职工。

从 2015 年 3 月 1 日起,失业保险费率暂由现行条例规定的本单位工资总额的 3% 降至 2%,单位和个人缴费的具体比例由各省、自治区、直辖市人民政府确定。省、自治区、直辖市人民政府根据本行政区域失业人员数量和失业保险金数额,报经国务院批准,可以适当调整本行政区域失业保险费的费率。职工跨统筹地区就业的,其失业保险关系随本人转移,缴费年限累计计算。[①]

（三）失业保险待遇

1. 失业保险待遇的享受条件

失业人员符合下列条件的,可以申请领取失业保险金并享受其他失业保险待遇。

（1）失业前用人单位和本人已经缴纳失业保险费满 1 年的。

---

① 王艳, 秦雪洁 . 经济法 [M]. 北京: 北京理工大学出版社, 2018.

（2）非因本人意愿中断就业的,包括劳动合同终止;用人单位解除劳动合同;被用人单位开除、除名和辞退;因用人单位过错由劳动者解除劳动合同;法律、法规、规章规定的其他情形。

（3）已经进行失业登记,并有求职要求的。

2.失业登记

失业人员应当持本单位为其出具的终止或者解除劳动关系的证明,及时到指定的公共就业服务机构办理失业登记;失业人员凭失业登记证明和个人身份证明,到社会保险经办机构办理领取失业保险金的手续;失业保险金领取期限自办理失业登记之日起计算。

3.失业保险金的领取期限

用人单位应当及时为失业人员出具终止或者解除劳动关系的证明,并将失业人员的名单自终止或者解除劳动关系之日起15日内告知社会保险经办机构。

重新就业后,再次失业的,缴费时间重新计算,领取失业保险金的期限与前次失业应当领取而尚未领取的失业保险金的期限合并计算,最长不超过24个月。

4.失业保险待遇及失业保险金的发放标准

（1）领取失业保险金。

（2）领取失业保险金期间享受基本医疗保险待遇。失业人员在领取失业保险金期间,参加职工基本医疗保险,享受基本医疗保险待遇。失业人员应当缴纳的基本医疗保险费从失业保险基金中支付,个人不缴纳基本医疗保险费。

（3）领取失业保险金期间的死亡补助。失业人员在领取失业保险金期间死亡的,参照当地对在职职工死亡的规定,向其遗属发给一次性丧葬补助金和抚恤金,所需资金从失业保险基金中支付。

个人死亡同时符合领取基本养老保险丧葬补助金、工伤保险丧葬补助金和失业保险丧葬补助金条件的,其遗属只能选择领取其中的一项。

（4）职业介绍与职业培训补贴。失业人员在领取失业保险金期间,应当积极求职,接受职业介绍和职业培训。失业人员接受职业介绍、职业培训的补贴由失业保险基金按照规定支付。补贴的办法和标准由省、自治区、直辖市人民政府规定。

（5）国务院规定或者批准的与失业保险有关的其他费用。失业保险金的标准,不得低于城市居民最低生活保障标准。一般也不高于当地最低工资标准,具体数额由省、自治区、直辖市人民政府确定。

（四）停止领取失业保险金的情形

失业人员在领取失业保险金期间有下列情形之一的,停止领取失业保险金,并同时停止享受其他失业保险待遇。

（1）重新就业的。

（2）应征服兵役的。

（3）移居境外的。

（4）享受基本养老保险待遇的。

（5）无正当理由,拒不接受当地人民政府指定部门或者机构介绍的适当工作或者提供的培训的。

六、生育保险

（一）生育保险的含义

生育保险是国家维护女职工的合法权益,保障她们在生育期间得到必要的经济补偿和医疗保健,均衡用人单位生育保险费用的负担而设立的社会保险制度。

（二）生育保险费的缴纳

根据《社会保险法》的规定,职工应当参加生育保险,由用人单位按照国家规定缴纳生育保险费,职工不缴纳生育保险费。

根据《企业职工生育保险试行办法》（劳部发 [1994]504 号）的规定,生育保险目前适用于城镇企业及其职工。由企业按照其工资总额的一定比例（但最高不得超过工资总额的 1%）向社会保险经办机构缴纳生育保险费,建立生育保险基金。

（三）生育保险待遇

用人单位已经缴纳生育保险费的,其职工享受生育保险待遇;职工未就业配偶按照国家规定享受生育医疗费用待遇。生育保险待遇包括生育医疗费用和生育津贴。

1.生育医疗费用

（1）生育的医疗费用。包括生育的检查费、接生费、手术费、住院费、药费。超出规定的医疗服务费和药费由职工个人负担。

（2）计划生育的医疗费用。包括因实行计划生育需要,实施放置(取出)宫内节育器、流产术、引产术、绝育及复通手术发生的医疗费用,以及由于计划生育引起的疾病的医疗费用。

（3）法律、法规规定的其他项目费用。

女职工生育出院后,因生育引起疾病的医疗费,由生育保险基金支付;其他疾病的医疗费,按照医疗保险待遇的规定办理。女职工产假期满后,因病需要休息治疗的,按照有关病假待遇和医疗保险待遇规定办理。

2.生育津贴

生育津贴是指女职工因生育离开工作岗位期间支付的生活费用,也称带薪假期。《社会保险法》规定,生育津贴按照职工所在用人单位上年度职工月平均工资计发。职工有下列情形之一的,可以按照国家规定享受生育津贴。

（1）女职工生育享受产假。

（2）享受计划生育手术休假。

（3）法律、法规规定的其他情形。

七、社会保险费征缴

（一）社会保险登记

1.用人单位的社会保险登记

用人单位应当自成立之日起 30 日内凭营业执照、登记证书或者单位印章,向当地社会保险经办机构申请办理社会保险登记。社会保险经办机构应当自收到申请之日起 15 日内予以审核,发给社会保险登记证件。

用人单位的社会保险登记事项发生变更或者用人单位依法终止的,应当自变更或者终止之日起 30 日内,到社会保险经办机构办理变更或者注销社会保险登记。

2.个人的社会保险登记

用人单位应当自用工之日起 30 日内为其职工向社会保险经办机构

申请办理社会保险登记。未办理社会保险登记的,由社会保险经办机构核定其应当缴纳的社会保险费。

自愿参加社会保险的无雇工的个体工商户、未在用人单位参加社会保险的非全日制从业人员以及其他灵活就业人员,应当向社会保险经办机构申请办理社会保险登记。

(二)社会保险费缴纳

1. 用人单位缴纳义务

用人单位应当自行申报、按时足额缴纳社会保险费,非因不可抗力等法定事由不得缓缴、减免。

职工应当缴纳的社会保险费由用人单位代扣代缴,用人单位应当按月将缴纳社会保险费的明细情况告知本人。

无雇工的个体工商户、未在用人单位参加社会保险的非全日制从业人员以及其他灵活就业人员,可以直接向社会保险费征收机构缴纳社会保险费。

2. 社会保险费征收机构的权利义务

社会保险费征收机构应当依法按时足额征收社会保险费,并将缴费情况定期告知用人单位和个人。用人单位未按规定申报应当缴纳的社会保险费数额的,按照该单位上月缴费额的110%确定应当缴纳数额;缴费单位补办申报手续后,由社会保险费征收机构按照规定结算。

八、社会保险基金管理运营

社会保险基金按照社会保险险种分别建账,分账核算,执行国家统一的会计制度。社会保险基金专款专用,任何组织和个人不得侵占或者挪用。

社会保险基金存入财政专户,按照统筹层次设立预算,通过预算实现收支平衡。社会保险基金预算按照社会保险项目分别编制。县级以上人民政府在社会保险基金出现支付不足时,给予补贴。社会保险经办机构应当定期向社会公布参加社会保险情况以及社会保险基金的收入、支出、结余和收益情况。

社会保险基金在保证安全的前提下,按照国务院规定投资运营实现保值增值。不得违规投资运营,不得用于平衡其他政府预算,不得用于兴建、改建办公场所和支付人员经费、运行费用、管理费用,或者违反法律、行政法规规定挪作其他用途。

国家设立全国社会保障基金,由中央财政预算拨款以及国务院批准的其他方式筹集的资金构成,用于社会保障支出的补充、调剂。全国社会保障基金由全国社会保障基金管理运营机构负责管理运营,在保证安全的前提下实现保值增值。

第七章　现代化经济体系建设中的
经济仲裁与经济诉讼

第一节　经济仲裁

一、仲裁的概念

仲裁,亦称公断,是指当事人之间的纠纷由仲裁机构居中调解,做出判断或裁决的活动。仲裁,已经成为国际上通行的解决争议的重要法律制度。经济仲裁成为解决经济纠纷的重要方式。其适用范围是平等主体的公民、法人和其他组织之间发生的合同纠纷和其他财产权益纠纷。

我国 1994 年 8 月 31 日第十一届全国人民代表大会常务委员会第九次会议通过,自 1995 年 9 月 1 日起施行的《中华人民共和国仲裁法》(以下简称《仲裁法》)是规定仲裁法律制度,调整仲裁法律关系,确认仲裁法律责任的全国统一适用的法律规范。人大常务委员会在 2009 年 8 月 27 日对《仲裁法》进行第一次修正,2017 年 9 月 1 日进行第二次修正。

二、仲裁的基本原则和制度

(一)经济仲裁的基本原则

1. 自愿原则

自愿原则是经济仲裁制度的一个重要原则。体现在下列各方面:第一,当事人采用仲裁方式解决纠纷,应当双方自愿,达成仲裁协议。没有仲裁协议,一方申请仲裁,仲裁委员会不予受理。第二,向哪个仲裁委员会申请仲裁,由当事人双方协商,自愿选定。由于仲裁委员会没有级别管辖和地域管辖,被选定的仲裁委员会都应受理。第三,申请仲裁自愿。仲裁委员会无权主动提起案件,要由一方当事人,依据仲裁协议向仲裁委员会书面提出申请,仲裁委员会才能依法受理。第四,仲裁员由双方当事人自愿选任。选择自己信得过的人,或者是委托仲裁委员会指定恰当的人。第五,当事人申请仲裁后,仍可自愿和解。达成和解协议的,可以请求仲裁庭根据和解协议做出裁决,也可以撤回仲裁申请。

2. 以事实为根据,以法律为准绳原则

以事实为根据,就是要实事求是。以法律为准绳,是指处理案件时必须以法律和国家政策作为区分是非、明确责任的标准和衡量尺度。

3. 当事人适用法律一律平等原则

仲裁委员会在解决争议时,不论争议双方的所有制性质、隶属关系、规模大小有何不同,都应平等地适用法律,不能偏袒任何一方,特别是不能搞地方保护主义。同时争议双方在仲裁活动中的诉讼地位也是平等的,他们都有权提供证据、进行陈述为自己辩护、要求仲裁庭成员回避及聘请律师提供法律帮助,或委托律师及其他人担任代理人、使用本民族语言等,双方当事人在仲裁活动中的权利义务也是平等的。

4. 独立办案和自主处分原则

独立办案主要表现在:第一,与行政机关脱钩。即依法独立进行,不受行政机关、社会团体和个人的干涉。仲裁委员会独立于行政机关,与行政机关没有隶属关系,仲裁委员会之间也没有隶属关系。第二,仲裁机构之间也是相互独立的。仲裁协会,对仲裁委员会只进行监督,不能对仲裁委员会仲裁庭的具体仲裁案件进行干预、更改。第三,仲裁委员会不能否定仲裁庭的裁决。

自主处分是指申请仲裁的纠纷都应该是当事人在法律规定范围内,有权自行处分的权益。

5. 人民法院监督原则

人民法院对仲裁不予干涉,但要进行必要的监督。法院对仲裁的监督方式主要表现在两个方面:一是当事人提出证据证明有影响仲裁公正情形的,可以向仲裁委员会所在地的中级人民法院申请撤销裁决;二是被申请人提出证据证明裁决有法律规定不应当执行的情形的,经人民法院组成合议庭审查核实,裁定不予执行。

（二）经济仲裁的基本工作制度

1. 协议仲裁制度

当事人将争议提交仲裁解决，必须在当事人达成仲裁协议的基础上。这里的协议既包括合同中的仲裁条款，也包括事后当事人达成书面的仲裁协议。对于仲裁机构来说，没有明确仲裁协议的，不能受理。

2. 或裁或审制度

我国《仲裁法》规定：当事人双方达成仲裁协议，一方向人民法院起诉的，人民法院不予受理。对当事人来说，达成仲裁协议的，双方应信守协议，不能单方撕毁。达成了仲裁协议，就意味着放弃了起诉权，就不能再去法院起诉。对人民法院来说，当事人达成了仲裁协议，法院是不应受理的。但有些情况可特殊处理，如当事人放弃仲裁权，经双方共同协商同意并有书面表述，可去法院起诉。又如仲裁协议无效，包括：第一，约定的仲裁事项超出法律规定的仲裁范围；第二，无民事行为能力人或者限制民事行为能力人订立的仲裁协议；第三，方采取胁迫手段迫使对方订立仲裁协议的。

3. 一裁终局制度

仲裁委员会做出的裁决，即为终局裁决。裁决自做出之日起，发生法律效力，当事人应当履行，并不得将同一纠纷再向其他仲裁机构申请仲裁，或者向人民法院起诉。

4. 回避制度

仲裁委员会在审理案件时，仲裁员有下列情形之一的，必须回避，当事人也有权提出回避申请：第一，是本案当事人或者当事人、代理人的近亲属；第二，与本案有利害关系；第三，与本案当事人、代理人有其他关系，可能影响公正仲裁的；第四，私自会见当事人、代理人，或者接受当事人、代理人请客送礼的。申请回避应当说明理由，在首次开庭前提出。回避事由在首次开庭后知道的，可以在最后一次开庭终结前提出。仲裁员是否回避，由仲裁委员会主任决定，仲裁委员会主任担任仲裁员时，由仲裁委员会集体决定。

5. 不公开审理和开庭辩论制度

仲裁不公开进行，除非当事人协议公开，但涉及国家秘密的除外。仲裁不公开审理，是对当事人之外的外部而言的，对当事人之间的纠纷内部,却是公开辩论的,即在仲裁庭主持下,开庭辩论,双方当事人就争议的事实,各自提出不同的理由和证据,互相进行反驳和答辩,提出请求和反请求。

6. 先行调解与自愿和解制度

调解是解决纠纷的重要方法,仲裁庭在做出裁决前,应该先行调解,帮助双方自愿达成协议,从而使争议得以解决。双方不愿调解或调解不成的,应当及时做出裁决,不能以调代裁,久调不决。调解协议应当符合法律要求,不得损害国家利益、社会公共利益和他人合法利益。当事人申请仲裁后,也可以通过自行协商,分清责任,相互谅解,自行和解。

7. 财产保全制度

我国《仲裁法》规定:一方当事人因另一方当事人的行为,或者其他原因,可能使裁决不能执行或者难以执行的,可以申请财产保全。仲裁委员会应当将当事人的申请,依照民事诉讼法的有关规定提交人民法院。申请保全措施时,申请人应当提供担保,申请有错误的,申请人应当赔偿被申请人因财产保全所遭受的损失。

8. 自觉执行与强制执行相结合制度

我国《仲裁法》规定:仲裁裁决自做出之日起发生法律效力,当事人应当履行,即自觉执行仲裁裁决。但是,如果方当事人不执行,另方当事人可以依照民事诉讼法的有关规定,向人民法院申请执行,即申请法院强制执行。

三、仲裁组织和仲裁协议

（一）仲裁委员会

仲裁委员会可以在直辖市和省、自治区人民政府所在地的市设立,也可以根据需要在其他设区的市设立,不按行政区划层层设立。仲裁委员会由上述规定的市的人民政府组织有关部门和商会统一组建。设立仲裁委员会,应当经省、自治区、直辖市的司法行政部门登记。

仲裁委员会应当具备下列条件:①有自己的名称、住所和章程;②有必要的财产;③有该委员会的组成人员;④有聘任的仲裁员。仲裁委员会由主任 1 人、副主任 2～4 人和委员 7～11 人组成。仲裁委员会的主任、副主任和委员由法律、经济贸易专家和有实际工作经验的人员担任。

仲裁委员会的组成人员中,法律经济贸易专家不得少于 2/3。

仲裁委员会应当从公道正派的人员中聘任仲裁员。仲裁员应当符合下列条件之一:①通过国家统一法律职业资格考试取得法律职业资格,从事仲裁工作满 8 年的;②从事律师工作满 8 年的;③曾任法官满 8 年的;④从事法律研究、教学工作并具有高级职称的;⑤具有法律知识、从事经济贸易等专业工作并具有高级职称或者具有同等专业水平的。

仲裁委员会独立于行政机关,与行政机关没有隶属关系。仲裁委员会之间也没有隶属关系。

(二)仲裁协会

仲裁协会是为共同发展仲裁事业而组成的自我管理、自我教育和自我服务的社会团体,是接受政府对中介组织宏观管理、监督,协调内外关系的社团法人。我国仲裁协会全称为中国仲裁协会,它是根据《仲裁法》设立的社会团体法人,是仲裁委员会的自律组织。中国仲裁协会的最高权力机构是全国会员大会,其章程由全国会员大会制定。中国仲裁协会依照《仲裁法》和《民事诉讼法》的有关规定,制定仲裁规则。

(三)仲裁协议

仲裁协议是指双方当事人自愿将已经发生或将来可能发生的纠纷争议提交仲裁并服从仲裁约束力的书面协议。仲裁协议包括合同中订立的仲裁条款和以其他书面方式在纠纷发生前或者纠纷发生后达成的请求仲裁的协议。

仲裁协议应当具有下列内容:①请求仲裁的意思表示;②仲裁事项;③选定的仲裁委员会。仲裁协议对仲裁事项或者仲裁委员会没有约定或者约定不明确的,当事人可以补充协议;达不成补充协议的,仲裁协议无效。

仲裁协议独立存在,合同的变更、解除、终止或者无效,不影响仲裁协议的效力。仲裁庭有权确认合同的效力。当事人对仲裁协议的效力有异议的,可以请求仲裁委员会做出决定或者请求人民法院做出裁定。一方请求仲裁委员会做出决定,另一方请求人民法院做出裁定的,由人民法院裁定。当事人对仲裁协议的效力有异议,应当在仲裁庭首次开庭前提出。

四、仲裁程序

（一）申请和受理

1. 申请

申请是一方当事人,根据合同仲裁条款或事后达成的仲裁协议,依法向仲裁委员会请求对所发生的纠纷进行仲裁的行为。当事人申请仲裁应当符合下列条件：①有仲裁协议；②有具体的仲裁请求和事实理由；③属于仲裁委员会的受理范围。

2. 受理

受理是指仲裁委员会审查仲裁申请后,符合受理条件,应当受理并通知当事人,认为不符合受理条件的,书面通知当事人不予受理,并说明理由的行为。仲裁委员会受理仲裁申请后,应当在仲裁规则规定的期限内将仲裁规则和仲裁员名册送达申请人,并将仲裁申请书副本和仲裁规则、仲裁员名册送达被申请人。被申请人收到仲裁申请书副本后,应当在仲裁规则规定的期限内向仲裁委员会提交答辩书。仲裁委员会收到答辩书后,应当在仲裁规则规定的期限内将答辩书副本送达申请人。被申请人未提交答辩书的,不影响仲裁程序的进行。申请人可以放弃或者变更仲裁请求。被申请人可以承认或者反驳仲裁请求,有权提出反请求。

（二）仲裁庭与仲裁员

仲裁庭可以由3名仲裁员或者1名仲裁员组成。当事人约定由3名仲裁员组成仲裁庭的,应当各自选定或者各自委托仲裁委员会主任指定一名仲裁员,第三名仲裁员由当事人共同选定或者共同委托仲裁委员会主任指定。第三名仲裁员是首席仲裁员。当事人约定由1名仲裁员成立仲裁庭的,应当由当事人共同选定或者共同委托仲裁委员会主任指定仲裁员。当事人没有在仲裁规则规定的期限内约定仲裁庭的组成方式或者选定仲裁员的,由仲裁委员会主任指定。仲裁庭组成后,仲裁委员会应当将仲裁庭的组成情况书面通知当事人。

（三）开庭和裁决

仲裁应当开庭进行。当事人协议不开庭的,仲裁庭可以根据仲裁申请书、答辩书以及其他材料做出裁决。

仲裁不公开进行，当事人协议公开的，可以公开进行，但涉及国家秘密的除外。

仲裁不公开审理，是对当事人之外的外部而言的，对当事人之间的纠纷内部，却是公开辩论的，即在仲裁庭主持下，开庭辩论，双方当事人就争议的事实，各自提出不同的理由和证据，互相进行反驳和答辩，提出请求和反请求。

仲裁委员会应当在仲裁规则规定的期限内将开庭日期通知双方当事人。当事人有正当理由的，可以在仲裁规则规定的期限内请求延期开庭。是否延期，由仲裁庭决定。

申请人经书面通知，无正当理由不到庭或者未经仲裁庭许可中途退庭的，可以视为撤回仲裁申请。

被申请人经书面通知，无正当理由不到庭或者未经仲裁庭许可中途退庭的，可以缺席裁决。

当事人应当对自己的主张提供证据。仲裁庭认为有必要收集的证据，可以自行收集。仲裁庭对专门性问题认为需要鉴定的，可以交由当事人约定的鉴定部门鉴定，也可以由仲裁庭指定的鉴定部门鉴定。根据当事人的请求或者仲裁庭的要求，鉴定部门应当派鉴定人参加开庭。当事人经仲裁庭许可，可以向鉴定人提问。证据应当在开庭时出示，当事人可以质证。

当事人在仲裁过程中有权进行辩论。辩论终结时，首席仲裁员或者独任仲裁员应当征询当事人的最后意见。

仲裁庭在做出裁决前，可以先行调解。当事人自愿调解的，仲裁庭应当调解。调解不成的，应当及时做出裁决。调解达成协议的，仲裁庭应当制作调解书或者根据协议的结果制作裁决书。调解书与裁决书具有同等法律效力。调解书应当写明仲裁请求和当事人协议的结果。调解书经双方当事人签收后，即发生法律效力。

在调解书签收前当事人反悔的，仲裁庭应当及时做出裁决。裁决应当按照多数仲裁员的意见做出，少数仲裁员的不同意见可以记入笔录。仲裁庭不能形成多数意见时，裁决应当按照首席仲裁员的意见做出。

仲裁庭仲裁纠纷时，其中一部分事实已经清楚，可以就该部分先行裁决。对裁决书中的文字、计算错误或者仲裁庭已经裁决但在裁决书中遗漏的事项，仲裁庭应当补正；当事人自收到裁决书之日起 30 日内，可以请求仲裁庭补正。裁决书自做出之日起发生法律效力。

（四）申请撤销裁决

申请撤销裁决是指一方当事人依据特定的事由，对发生法律效力的仲裁裁决，向人民法院提出申请，要求取消裁决效力的行为。

根据《仲裁法》规定，当事人提出证据证明裁决有下列情形之一的，可以向仲裁委员会所在地的中级人民法院申请撤销裁决。

（1）没有仲裁协议的。

（2）裁决的事项不属于仲裁协议的范围或者仲裁委员会无权仲裁的。

（3）仲裁庭的组成或者仲裁的程序违反法定程序的。

（4）裁决所根据的证据是伪造的。

（5）对方当事人隐瞒了足以影响公正裁决的证据的。

（6）仲裁员在仲裁该案时有索贿受贿，徇私舞弊，枉法裁决行为的。

当事人申请撤销裁决的，应当自收到裁决书之日起 6 个月内提出。人民法院应当在受理撤销裁决申请之日起 2 个月内做出撤销裁决或者驳回申请的裁定。人民法院受理撤销裁决的申请后，认为可以由仲裁庭重新仲裁的，通知仲裁庭在一定期限内重新仲裁，并裁定中止撤销程序。仲裁庭拒绝重新仲裁的，人民法院应当裁定恢复撤销程序。

（五）撤销裁决的执行

《仲裁法》第62条规定：当事人应当履行裁决。一方当事人不履行的，另一方当事人可以依照民事诉讼法的有关规定向人民法院申请执行。受申请的人民法院应当执行。

被申请人提出证据证明裁决有《民事诉讼法》第 213 条第 2 款规定的情形之一的，经人民法院组成合议庭审查核实，裁定不予执行。

一方当事人申请执行裁决，另一方当事人申请撤销裁决的，人民法院应当裁定中止执行。人民法院裁定撤销裁决的，应当裁定终结执行。撤销裁决的申请被裁定驳回的，人民法院应当裁定恢复执行。

第二节 经济诉讼

一、诉讼的概念、基本原则和基本制度

（一）诉讼的概念

诉讼是指人民法院在双方当事人及诉讼参与人的参加下，审理和解决各种纠纷案件的活动以及由于这些活动形成的各种诉讼法律关系的总称。

由于经济纠纷产生的案件的主体为平等的民事主体，所以经济纠纷的处理适用于《民事诉讼法》的规定。

民事诉讼是指当事人因民事权益受到侵害或者发生争议，起诉到人民法院，由人民法院按照法定程序，对当事人争执的问题进行审理和裁判的诉讼活动。

（二）诉讼的基本原则

诉讼的基本原则是指在诉讼的全过程中起着指导作用的基本准则，包括共有原则与特有原则。

1. 共有原则

共有原则是指经济诉讼、民事诉讼、行政诉讼等诉讼法律共同奉行的原则，包括：

（1）审判权由法院行使原则。

（2）人民法院依法独立审判原则。

（3）以事实为根据，以法律为准绳原则。

（4）对当事人在适用法律上一律平等原则。

（5）检察院对法院审判活动进行监督的原则等。

2. 特有原则

特有原则是指由民事诉讼法规定的，专门适用于民事诉讼、经济诉讼的原则。经济诉讼的特有原则包括诉讼权利平等原则、调解原则、辩论原则、处分原则和支持起诉原则。

（1）平等原则，是指民事诉讼当事人有平等的诉讼权利。人民法院

审理民事案件,应当保障和便利当事人行使诉讼权利,对当事人在适用法律上一律平等。外国人、无国籍人、外国企业和组织在人民法院起诉、应诉,同中华人民共和国公民、法人和其他组织有同等的诉讼权利义务。

（2）调解原则,是指人民法院审理民事案件,应当根据自愿和合法的原则进行调解。调解不成的,应当及时判决。

（3）辩论原则,是指人民法院审理民事案件时,当事人有权进行辩论。这里的辩论范围包括案件的实体问题,程序问题和所适用的法律等方面。辩论形式可以是言辞辩论,也可以是书面辩论。

（4）处分原则,是指当事人有权在法律规定的范围内处分自己的民事权利和诉讼权利。

（5）支持起诉原则,是指机关、社会团体、企事业单位对损害国家集体或者个人民事权益的行为,可以支持受损害的单位或者个人向人民法院起诉。

（三）诉讼的基本制度

1. 合议制度

合议制度,是指由 3 名以上审判人员组成审判集体,代表法院行使审判权,对案件进行审理并做出裁判的制度。我国《民事诉讼法》规定,人民法院审理第一审民事案件,由审判员、陪审员共同组成合议庭或者由审判员组成合议庭。合议庭的成员人数,必须是单数。与合议制相对应的是独任制,即由审判员一人独任审理。独任制适用简易程序审理的民事案件。

2. 回避制度

回避制度,是指审判人员及其他相关人员,遇到法律规定的回避情形,退出对某一具体案件的审理或诉讼活动的制度。我国《民事诉讼法》规定,审判人员与书记员、翻译人员、鉴定人、勘验人有下列情形之一的,必须回避,当事人有权用口头或者书面方式申请他们回避:第一,是本案当事人或者当事人、诉讼代理人的近亲属;第二,与本案有利害关系;第三,与本案当事人有其他关系,可能影响对案件公正审理的。

3. 公开审判制度

公开审判制度,是指人民法院审理经济案件,除合议庭评议外,依法向社会公开的制度。依据法律规定,不公开审理的案件只局限于涉及国家秘密的案件、涉及个人隐私的案件,当事人申请不公开审理的离婚案件和沙及商业秘密的案件。

4.两审终审制度

两审终审制度,是指一个经济案件经过两级法院审判就宣告终结的制度。

二、经济诉讼的案件管辖

(一)管辖的概念

经济诉讼的管辖是指各级人民法院和同级人民法院之间,受理第一审经济案件的分工和权限。

(二)地域管辖

地域管辖,是指同级人民法院之间以行政区划为标准,在审理第一审民事纠纷案件的权限上的分工。

《民事诉讼法》规定,对下列经济纠纷案件实行特别地域管辖:①合同纠纷案件由被告住所地或合同履行地法院管辖;②保险合同纠纷由被告住所地或保险标的物所在地法院管辖;③票据纠纷案件由票据支付地或被告住所地法院管辖;④交通运输合同纠纷案件由运输始发地、目的地或被告住所地法院管辖;⑤侵权纠纷案件由侵权行为地或被告住所地法院管辖;⑥交通事故损害赔偿纠纷案件由事故发生地或车辆、船舶最先到达地、航空器最先降落地或被告住所地法院管辖;⑦船舶碰撞或其他海损事故损害赔偿纠纷案件由碰撞发生地、碰撞船舶最先到达地、加害船舶被扣留地或被告住所地法院管辖;⑧海难救助费用纠纷案件由救助地或被救助船舶最先到达地法院管辖;⑨共同海损纠纷案件由船舶最先到达地共同海损理赔地或航程终止地法院管辖。

《民事诉讼法》规定,对于合同纠纷案件同时实行协议管辖。这种协议管辖不是协议司法主管,而是协议选择地域管辖。合同的双方当事人可以在书面合同中,协议选择被告住所地、合同履行地、合同签订地、原告住所地、标的物所在地人民法院管辖,但不得违反《民事诉讼法》对级别管辖和专属管辖的规定。《民事诉讼法》还规定了共同地域管辖:同一诉讼的几个被告住所地经常居住地在两个以上人民法院辖区的,各级人民法院都有管辖权。两个以上人民法院都有管辖权的诉讼,原告可以向其中一个人民法院起诉;原告向两个以上有管辖权的人民法院起诉的,由最先立案的人民法院管辖。

（三）级别管辖

级别管辖，是指各级人民法院之间受理第一审案件的分工和权限。确定级别管辖是明确案件管辖权的先决条件。

《民事诉讼法》根据案件的性质，是否属于重大复杂案件，以及案件对社会的影响大小确定了基层人民法院中级人民法院、高级人民法院和最高人民法院对一审案件的分工。经济纠纷案件的级别管辖应当根据《民事诉讼法》的规定予以调整。基层人民法院经济审判庭管辖除该法规定由其上级人民法院管辖以外的所有第一审经济纠纷案件。中级人民法院管辖以下三类经济纠纷案件：①重大的涉外案件；②在本辖区有重大影响的案件；③最高人民法院确定由中级人民法院管辖的案件。其中第三类，如海事海商案件由海事法院管辖，专利纠纷案件由中级人民法院经济审判庭受理。高级人民法院管辖在本辖区有重大影响的案件。最高人民法院管辖在全国有重大影响的案件和认为应当由该院审理的案件。依照法律规定，最高人民法院管辖的案件实行一审终审，所做判决裁定一经送达即发生法律效力。

三、经济审判和执行程序

审判程序是人民法院审理民事与经济纠纷案件所适用的程序，包括第一审程序第二审程序和审判监督程序。

（一）第一审程序

第一审程序是我国《民事诉讼法》规定的人民法院审理第一审民事案件时适用的程序，包括第一审普通程序和简易程序。

1. 第一审普通程序

第一审普通程序是我国《民事诉讼法》规定的人民法院审理第一审民事案件通常适用的程序，也是民事案件的当事人进行第一审民事诉讼通常所遵循的程序。

（1）起诉和受理。

起诉是指公民法人或其他组织在其民事权益受到侵害或与他人发生争议时，向人民法院提起诉讼，请求人民法院通过审判予以司法保护的诉讼行为。

《民事诉讼法》第119条规定起诉必须同时符合下列条件：原告是与本案有直接利害关系的公民、法人和其他组织；有明确的被告；有具体的诉讼请求和事实、理由；属于人民法院受理民事诉讼的范围和受诉人民法院管辖。

受理是指人民法院通过对当事人的起诉进行审查，对符合法律规定条件的，决定立案审理的诉讼行为。

《民事诉讼法》规定，法院收到起诉状，经审查，认为符合起诉条件的，应当在7日内立案并通知当事人；认为不符合起诉条件的，应当在7日内裁定不予受理。原告对裁定不服的，可以提起上诉。

（2）审理前的准备。

审理前的准备是指法院在立案后，开庭审理前，由承办案件的审判员依法所做的各项准备工作。

人民法院应当在立案之日起5日内将起诉状副本发送被告，被告应当在收到之日起15日内提出答辩状。人民法院应当在收到答辩状之日起5日内将答辩状副本发送原告，被告不提出答辩状的，不影响人民法院审理。

人民法院对决定受理的案件，应当在受理案件通知书和应诉通知书中向当事人告知有关的诉讼权利义务，或者口头告知。合议庭组成人员确定后，应当在3日内告知当事人。审判人员必须认真审核诉讼材料，调查收集必要的证据。人民法院对必须共同进行诉讼而没有参加诉讼的当事人，应当通知其参加诉讼。人民法院对受理的案件，分别情形，予以处理：①当事人没有争议，符合督促程序规定条件的，可以转入督促程序；②开庭前可以调解的，采取调解方式及时解决纠纷；③根据案件情况，确定适用简易程序或者普通程序；④需要开庭审理的，通过要求当事人交换证据等方式，明确争议焦点。

（3）调解。

调解是指按照《民事诉讼法》的有关规定，在法院审判人员的主持下，双方当事人就发生争议的民事权利义务自愿进行协商，达成协议，解决纠纷的诉讼活动。

法院调解包括两方面的含义：一是指人民法院审判人员在办案过程中，对当事人进行法制教育思想疏导工作的活动：二是指人民法院审判人员在办案过程中，主持和引导当事人用平等协商的办法解决纠纷，达成协议，终结诉讼的一种方式。

法院调解应当遵守以下三条原则，即自愿原则，查明事实、分清是非原则和合法原则。当事人自愿原则应当包括程序意义上的自愿和实体意义上的自愿。前者是指当事人主动向人民法院申请用调解方式解决他们的纠纷,或者同意人民法院为他们做调解工作解决纠纷。后者是指当事人双方经人民法院调解达成的协议,必须是互谅互让,自愿协商的结果。如果达成调解协议,应当制作调解书,调解书送达并经双方当事人签收后,即具有与判决书同等的法律效力。

（4）开庭审理。

开庭审理,是指在人民法院审判员的主持下,在当事人和其他诉讼参与人的参加下,在法院固定的法庭上,依照法定的程式和顺序,对案件进行实体审理,从而查明事实,分清是非,并在此基础上,对案件做出裁判的全部过程。

人民法院审理民事案件,除沙及国家秘密、个人隐私或者法律另有规定的以外,应当公开进行。离婚案件,涉及商业秘密的案件,当事人申请不公开审理的,可以不公开审理。人民法院审理民事案件,应当在开庭3日前通知当事人和其他诉讼参与人。公开审理的,应当公告当事人姓名、案由和开庭的时间、地点。

法庭辩论按照下列顺序进行：①原告及其诉讼代理人发言；②被告及其诉讼代理人答辩；③第三人及其诉讼代理人发言或者答辩；④互相辩论。法庭辩论终结,应当依法做出判决。判决前能够调解的,还可以进行调解,调解不成的,应当及时判决。

人民法院对公开审理或者不公开审理的案件,一律公开宣告判决。当庭宣判的,应当在10日内发送判决书；定期宣判的,宣判后立即发给判决书。宣告判决时,必须告知当事人上诉权利、上诉期限和上诉的法院。

人民法院适用普通程序审理的案件,应当在立案之日起6个月内审结。有特殊情况需要延长的,由本院院长批准,可以延长6个月；还需要延长的,报请上级人民法院批准。

2. 简易程序

简易程序是指基层人民法院和它派出的法庭审理事实清楚、权利义务关系明确争议不大的简单的民事案件和经济纠纷案件所适用的程序。

对简单的民事案件,原告可以口头起诉。当事人双方可以同时到基层人民法院或者它派出的法庭,请求解决纠纷。基层人民法院或者它派出的法庭可以当即审理,也可以另定日期审理。可以用简便方式传唤当事人和证人、送达诉讼文书、审理案件,但应当保障当事人陈述意见的权利。

（二）第二审程序

第二审程序（上诉审），是指由于民事诉讼的当事人不服地方各级人民法院生效的第一审裁判而在法定期间内向上一级人民法院提起上诉而引起的诉讼程序，是二审人民法院审理上诉案件所适用的程序。

当事人不服地方人民法院第一审判决的，有权在判决书送达之日起15日内向上一级人民法院提起上诉。当事人不服地方人民法院第一审裁定的，有权在裁定书送达之日起10日内向上一级人民法院提起上诉。上诉应当递交上诉状，并通过原审人民法院提出。原审人民法院收到上诉状，应当在5日内将上诉状副本送达对方当事人，对方当事人在收到之日起15日内提出答辩状。人民法院应当在收到答辩状之日起5日内将副本送达上诉人，对方当事人不提出答辩状的，不影响人民法院审理。原审人民法院收到上诉状、答辩状，应当在5日内连同全部案卷和证据，报送第二审人民法院，第二审人民法院应当对上诉请求的有关事实和适用法律进行审查。

第二审人民法院对上诉案件，应当组成合议庭，开庭审理。经过阅卷、调查和询问当事人，对没有提出新的事实、证据或者理由，合议庭认为不需要开庭审理的，可以不开庭审理。经过审理，二审人民法院按照下列情形，分别处理：①原判决、裁定认定事实清楚，适用法律正确的，以判决、裁定方式驳回上诉，维持原判决、裁定；②原判央、裁定认定事实错误或者适用法律错误的，以判决、裁定方式依法改判、撤销或者变更；③原判决认定基本事实不清的，裁定撤销原判决，发回原审人民法院重审，或者查清事实后改判；④原判决遗漏当事人或者违法缺席判决等严重违反法定程序的，裁定撤销原判决，发回原审人民法院重审。第二审人民法院审理上诉案件，可以进行调解，调解达成协议，应当制作调解书。

第二审人民法院的判决、裁定，是终审的判决裁定。对判决的上诉案件，应当在第二审立案之日起3个月内审结，对裁定的上诉案件，应当在第二审立案之日起30日内做出终审裁定。

（三）执行程序

对已经发生法律效力的调解书、裁定书和判决书，当事人应当执行。有义务执行的一方当事人拒不执行的，另一方当事人有权依法请求人民法院强制执行。

参考文献

[1] 孟咸美等.经济法理论与实务研究[M].北京:科学技术文献出版社,2019.

[2] 高培勇.现代化经济体系建设理论大纲[M].北京:人民出版社,2019.

[3] 许广义,郭靖超,董兴佩等.经济法[M].哈尔滨:哈尔滨工程大学出版社,2018.

[4] 王艳,秦雪洁.经济法[M].北京:北京理工大学出版社,2018.

[5] 洪宇.经济法[M].上海:立信会计出版社,2018.

[6] 叶学平,涂人猛,傅智能.新时代中国现代化经济体系建设[M].武汉:武汉大学出版社,2018.

[7] 杨珍.建设现代化经济体系研究[M].北京:经济科学出版社,2018.

[8] 中国注册会计师协会.经济法[M].北京:中国财政经济出版社,2018.

[9] 李裕琢.经济法律基础[M].北京:中央广播电视大学出版社,2017.

[10] 漆多俊.经济法基础理论(第5版)[M].北京:法律出版社,2017.

[11] 殷洁.经济法(第6版)[M].北京:法律出版社,2017.

[12] 赵威.经济法(第6版)[M].北京:中国人民大学出版社,2017.

[13] 陈践,梁静,张丹,李杰.经济法概论[M].北京:清华大学出版社,2017.

[14] 财政部会计资格评价中心.经济法基础[M].北京:经济科学出版社,2017.

[15] 谢怀栻.票据法概论(增订2版)[M].北京:法律出版社,2017.

[16] 黄洁洵.经济法基础[M].上海:上海财经大学出版社,2017.

[17] 刘剑文．税法学（第 5 版）[M].北京：北京大学出版社,2017.

[18] 李昌麒．经济法学（第 3 版）[M].北京：法律出版社,2016.

[19] 颐功耘．经济法教程（第 3 版）[M]. 上海：上海人民出版社,2016.

[20] 周艳军,于彤．经济法（第 2 版）[M].上海：上海财经大学出版社,2016.

[21] 王传辉．MBA 经济法 [M].北京：中国人民大学出版社,2015.

[22] 刘天善．经济法教程 [M].北京：北京交通大学出版社、清华大学出版社,2015.

[23] 曲振涛．经济法教程 [M].北京：高等教育出版社,2015.

[24] 杨紫炬．经济法 [M].北京：北京大学出版社,2015.

[25] 孟庆瑜．经济法案例教程 [M].北京：中国民主法制出版社,2015.

[26] 崔建远．合同法学 [M].北京：法律出版社,2015.

[27] 张士元．企业法（第 4 版）[M].北京：法律出版社,2015.

[28] 崔建远．合同法学 [M].北京：法律出版社,2015.

[29] 马兆瑞．经济法 [M].北京：中国人民大学出版社,2014.

[30] 郭若愚．经济法 [M].北京：清华大学出版社,2014.

[31] 张艳兵,白丽丽．经济法案例教程 [M].成都：四川大学出版社,2014.

[32] 邸晨霞,陈秀芹,经济法案例分析指导 [M]. 保定：河北大学出版社,2014.

[33] 国务院法制办公室．中华人民共和国劳动合同法 [M].北京：中国法制出版社,2013.

[34] 田春苗．经济法案例分析 [M].北京：中国政法大学出版社,2013.

[35] 刘文华．中国经济法基础理论 [M].北京：法律出版社,2013.

[36] 刘瑞复．经济法学原理 [M].北京：北京大学出版社,2013.

[37] 王晓晔．反垄断法 [M].北京：法律出版社,2012.

[38] 王茂庆．经济法基本原则的法教义学分析 [J].河南科技大学学报(社会科学版),2020,38（05）：71-75.

[39] 李博．论法律职业伦理课程设置与教学方法的选择 [J].中国大学教学,2020（10）：42-45.

[40] 李博.出版者注意义务举证标准审视与完善 [J]. 中国出版,2020（22）: 67-70.

[41] 徐孟洲.建设现代化经济体系中的经济法理论问题 [J]. 经济法研究,2018,21（02）: 6-8.

[42] 赵强初.委托合同任意解除权的限制 [D]. 内蒙古科技大学,2020.